권력을
요리하는
레시피
84

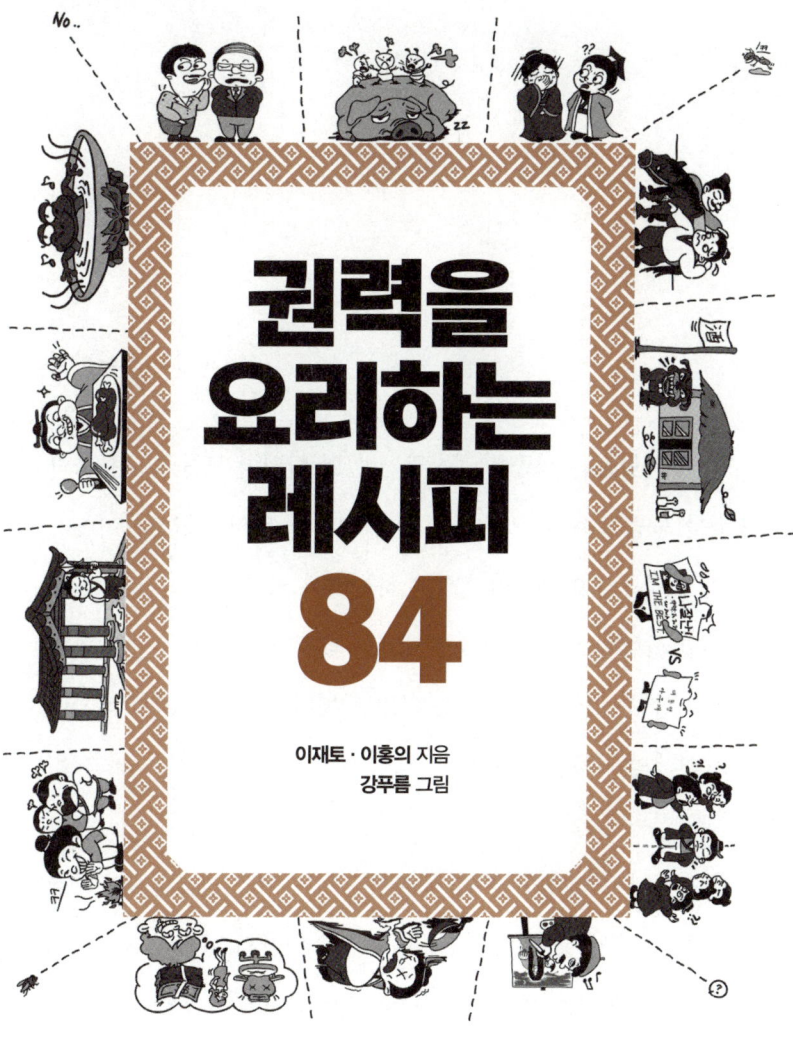

권력을 요리하는 레시피 84

이재토·이홍의 지음
강푸름 그림

굿모닝미디어

추천하기

사람들은 성공을 결정하는 실력 이외의 모든 정체불명의 요소를 뭉뚱그려 '운'으로 치부하는 경향이 있다. 그러나 이른바 '운'의 실체를 들여다보면 그것은 하늘에서 저절로 떨어진 것이 아니라 한 사람이 세상 사람들을 대하는 태도가 중요한 부분을 차지한다고 할 수 있다. 결국 '운'은 타고난 것이 아니라 각자가 만들어 가는 처세의 지혜인 것이다.

남목 이재토 박사가 쓴 이 책은 세상의 이치와 인간관계의 본질에 대한 저자의 깊은 통찰력을 바탕으로 인간의 탐욕이 치열하게 경쟁하고 충돌하는 세상에서 루저loser가 되지 않고 살아가는 방법과 지혜를 담고 있다. 특별히 한학과 중국 고전에 해박한 지식을 갖고 있는 저자는 《한비자》를 바탕으로 자신의 직장 경험을 소재

삼아 그 현대적 함의를 해설하고 있다는 점에서 독창적이다. 한비자가 살았던 시대 역시 오늘에 못지않은 무한 경쟁의 난세였던 점을 감안하면 수천년 시간의 간극에도 불구하고 그가 전하는 세상사는 이치와 교훈은 현대를 살아가는 직장인에게도 유용한 처신의 길잡이가 될 것이라 확신한다.

전) 대통령 외교안보수석비서관
현) 한반도미래포럼 이사장 천영우 씀

들어가기

사는 것이 녹록지 않은 요즈음 힘든 현실을 한탄하거나 운명을 원망하는 젊은 직장인들이 적지 않은 것 같습니다. 한편 그런 그들의 건너편을 보면 하늘은 언제나 자기편이라고 자부하듯 하는 일마다 승승장구하는 것처럼 보이는 사람도 적지 않습니다. 그럼 하늘은 진정 누구의 편일까요? 다행히 하늘은 어느 편도 아니며 운명은 누구에도 덜 혹은 더 가혹하지 않은 것은 진실입니다. 노자가 말한 이른바 '천도무친天道無親'이 그것입니다.

그렇다면 직장인이 느끼는 행복과 불행의 갈림길은 어디일까요? 많은 경우 그것은 몸담은 직장이나 살고 있는 사회에서 얼마나 자아를 실현할 수 있는가에 달려 있는 것 같습니다. 그런데 자아실현이란 말이 너무 추상적인 탓인지 쉽게 와 닿지 않을 것입니다. 그것을 보다 구체적으로 풀이하면 조직 내 자원과 가치에 남보다 우선하여 접근할 수 있는 가능성 정도라고 할 수 있습니다. 그것은 곧 권력power의 소유 여부를 의미합니다. 조직사회에서 더 많은 권력을 가진 자는 더 많이 성공의 단맛을 만끽하지만 그렇지 못하면 실패의 쓴맛을 거부할 수 없는 것이 세상살이입니다. 이 책은 조직인으로 사는 당신에게 권력은 무엇이며 그것을 차지하기 위해 어떻게 생각하고 또 처신해야 하는가라는 물음에 답하고자 쓰여졌습니다.

그 같은 집필 목적을 쉽고 설득력 있게 풀어갈 방법을 찾던 필자는 동양고전에서 훌륭한 조력자를 만날 수 있었습니다. 바로《한비자》입니다. 주지하다시피 한비자韓非子책 이름과 저자 이름이 동일하다는 중국 역사상 가장 치열한 경쟁의 시대, 즉 전국시대를 살았던 인물입니다. 전 지구적 무한경쟁 속에서 살아가는 오늘날의 우리처럼 그 역시 국가의 존망과 자신의 생존이 벼랑 끝에 걸린 절체절명의 시대를 살아야 했습니다. 그런 탓인지 모르지만 그가 전하는 필설은 오늘날까지 그 공감의 울림이 결코 적지 않은 것은 필자만의 생각은 아닐 것입니다.

한비자는 당대의 군주들에게 권력의 냉엄함을 설파하면서 권력

투쟁에서 살아남는 생존 비법을 유세하였습니다. 그 과정에서 그는 잘 알려진 역사적 사실이나 전해오는 일화로 300여 가지 이야기를 후세에 전하고 있습니다. 저는 그들 중 비교적 저의 집필 목적에 잘 맞고 이해하기 쉬운 것으로 80여 개 이야기를 발췌하여 그것을 밑거름으로 이 책의 주제를 풀어갔습니다. 따라서 이 책은 앞뒤의 연관성이나 맥락의 통일성 같은 개념은 염두에 두고 있지 않습니다. 그것은 언제 어느 곳을 읽어도 의미가 끊기거나 이해가 안 될 것은 없음을 말합니다. 그냥 아무 곳이나 가까운 곳에 두고서 한가한 시간에 조금씩 읽어가도 무방할 것입니다.

　이 책은 여느 멘토들처럼 젊은 직장인들을 위로하거나 그들이 안고 있는 문제에 해법을 제시하지 않습니다. 솔직히 필자는 그런 능력을 갖고 있지 못합니다. 오히려 독자들은 짐짓 돌처럼 차갑고 때로는 비정할 정도로 냉혹한 필자의 내면에 놀랄지 모릅니다. 그럼에도 불구하고 굳이 이 글을 세상에 내놓는 이유는 그렇습니다. 부끄럽지만 25년여 직장생활 중 수차례의 해고와 전직을 겪었던 직장인의 한 사람으로서 어쩌면 저보다 더 험한 세상을 살아갈지 모를 후배들에게 삶과 일의 냉혹함을 올곧게 보여주고 싶은 마음 때문입니다. 냉혹한 직업 현실을 간접적이나마 미리 경험함으로써 힘든 오늘을 외면하기보다 정면으로 직시하고 대응하는 용기와 능력을 갖게 되길 바라는 것입니다.

끝으로 고전을 해석함에 '번거로움은 줄이고 요점만 취하려는' 편의적 사고로 인해 자칫 선현의 참된 뜻에 조금이라도 누가 되는 구석이 있다면 그것은 전적으로 학문이 짧고 재주가 부족한 필자 탓이니 오직 독자들의 넓은 아량을 간청할 뿐입니다. 아울러 변변치 않은 원고를 출판하도록 도와준 굿모닝미디어의 이병훈 대표와 훌륭한 삽화를 그려준 강푸름 님의 노고에 고마움을 보냅니다.

2024년 중추절에 선선한 가을바람을 기다리며,
연희동 우거에서 남목 이재토가 삼가 적다.

차례

- 추천하기 4
- 들어가기 6

제1부 비겁해도 살아남아라

1. 세력이 없으면 임금도 당한다	— 18
2. 무엇을 말하느냐보다 누가 말하느냐가 중요하다	— 24
3. 총애자를 이용하라	— 29
4. 공짜 점심은 없다	— 33
5. 상대방의 호의를 의심하라	— 38
6. 사냥이 끝난 사냥개는 삶아 먹힌다	— 41
7. 어느 편에도 서지 마라?	— 44
8. 상대방의 우상을 이용하라	— 48
9. 거짓말도 하기 나름	— 52
10. 인성이 최후의 승자다	— 57
11. 만족에는 끝이 없다	— 62
12. 물고기가 물 밖으로 나오면	— 66

13. 세 사람 입이면 없던 호랑이도 생긴다 — 70
14. 법은 누구에게도 공평해야 — 74
15. 매사에 최선은 없다 — 78
16. 시작은 처녀처럼, 마무리는 토끼처럼 — 81
17. 이익과 손해는 서로 마주한다 — 86
18. 본말本末을 구별하는 눈을 가지라 — 91
19. 역정보의 효과 — 94
20. 권력 경쟁은 소꿉놀이가 아니다 — 98
21. 선물의 정치학 — 103
22. 가장 확실한 보험은 무엇인가? — 107
23. 당신에게 맞는 짝을 찾으라 — 113
24. 너무 많이 알면 안 되는 이유 — 116
25. 권력의 크기는 거리에 반비례한다 — 120
26. 윗사람보다 나아 보이면 — 125
27. 천재보다 충복이 되라 — 130
28. 힘을 절제할 줄 알라 — 135
29. 경쟁자의 덫을 조심하라 — 139
30. 정보원을 숨겨 두라 — 144

제2부 리더는 사랑을 구걸하지 않는다

1. 하극상은 역사와 함께했다 — 150
2. 사나운 개가 술을 쉬게 하다 — 154
3. 동냥은 못 줄망정 쪽박까지 깨서야! — 158
4. 자기를 보전하는 방법 — 163
5. 몸값에 걸맞은 대우를 요구하라 — 166
6. 상과 벌은 한 몸의 두 얼굴 — 170
7. 새는 술잔은 물도 담을 수 없다 — 174
8. 공功은 나눌 수 없다 — 178
9. 사랑도 우정도 구걸하지 말라 — 181
10. 자기 머리는 자기가 못 깎는 것 — 185
11. 확실한 것이 반드시 좋은 것은 아니다 — 189
12. 무임승차를 막으려면 — 193
13. 현명한 리더는 감정이 없다 — 198
14. 리더는 리더를 관리한다 — 201

15. 한 가지 재주면 충분하다 — 205

16. 잘할 수 있는 일을 맡기라 — 208

17. 리더는 우연보다 필연에 의지한다 — 212

18. 직책에 상응하는 권한을 주라 — 216

19. 견제와 균형은 조직 운용의 기본 — 219

20. 가진 것을 제대로 쓸 줄 알아야 — 224

21. 진짜 재능은 숨겨 두라 — 227

22. 작은 충성이 주인을 망치다 — 231

23. 나쁜 재목도 쓰기 나름 — 236

24. 힘든 일도 쉬운 것처럼 보이라 — 241

25. 출구전략이 필요한 때 — 244

26. 나의 아궁이 불을 가리는 것은? — 247

27. 화를 돋우어 비밀을 알아내다 — 251

제3부 세상의 비웃음을 거부하지 말라

1. 인생의 우선순위 — 256
2. 인간은 이익을 좇는 동물이다 — 261
3. 인간관계는 서로 소망을 의존하는 것 — 264
4. 젓가락 하나에서 세상을 보다 — 267
5. 멀리 뛰려면 움츠렸다 뛰어라 — 271
6. 자신을 볼 수 있으면 진실로 아는 것이다 — 275
7. 작은 불은 가까운 물로 끄라 — 279
8. 실력보다 형세를 타라 — 282
9. 자기의 눈높이로 판단하지 말라 — 286
10. 다수가 반드시 옳은 것은 아니다 — 290
11. 이해 충돌은 불가피한 것 — 294
12. 권위를 거스르지 말라 — 297
13. 변심은 무죄 — 302
14. 인정받기의 어려움 — 305

15. 설득의 기술	— 310
16. 직언과 충고는 양날을 가진 칼	— 314
17. 사당의 쥐도 나름 역할이 있다	— 318
18. 이기고자 하면 지는 법	— 322
19. 심기는 어려워도 뽑히기는 쉽다	— 326
20. 남들이 하기 싫어하는 일을 하라	— 329
21. 표정을 관리하라	— 333
22. 조강지처는 내칠 수 없다	— 336
23. 둔한 말이 더 좋은 이유	— 340
24. 늙은 말의 지혜를 빌리다	— 344
25. 본성은 숨길 수 없다	— 349
26. 진심은 원수도 감동시킨다	— 354
27. 확신이 없으면 멈추라	— 358

• Abstract   364

제1부
비겁해도 살아남아라

옥구슬 꿰맨 수의 입고
옥관에 뉘어
만인 전송 받으며
북망산에 간들 무슨 소용이리오,
다 헤진 누더기라도
따뜻한 아침 햇살 혼자 등에 지고
이승에 사는 것만 못하리.

— 소동파 〈박박주〉 중

1
세력이 없으면
임금도 당한다

이야기 1-1-1

연燕나라 사람 이계는 멀리 출타하기를 즐겼다. 그가 출타하고 나면 그의 아내는 젊은 총각과 몰래 정을 통하였다. 어느 날 이계가 갑자기 집에 돌아오자 총각과 함께 내실에 있던 그의 아내는 매우 난처한 상황이 되었다. 계집종들이 이계의 부인에게 말했다.

"시간이 없습니다. 총각이 그냥 벗은 채 빨리 밖으로 나가도록 하세요. 저희는 아무것도 못 본 것으로 하겠습니다"

그 말을 듣자마자 총각은 겨우 옷을 챙겨 쏜살같이 문밖으로 도망쳤다. 집안으로 막 들어서던 이계는 누군가 바람처럼 앞을 지나치자 어리둥절하여 계집종들에게 물었다.

"방금 내 앞을 지나간 자가 누구냐?"

계집종들이 모두 한 입으로 말했다.

"저희는 아무것도 보지 못했습니다."

"그럼 내가 귀신이라도 봤다는 것이냐?"

방에서 나오던 부인이 말했다.

"그런 것 같습니다."

"그래요? 내게 헛것이 보이다니 이 일을 어찌하면 좋겠소, 부인?"

그녀가 대답했다.

"방법은 오직 하나, 다섯 가지 희생犧牲[1]의 오줌물을 받아서 그것으로 목욕을 하면 괜찮아진다고 합니다."

"어쩔 수 없지. 부인 말에 따르리다."

---

1 희생犧牲: 고대 중국에서 국가 간 회맹의식을 치루거나 제사를 지낼 때 진설陳設하는 생고기를 가리키는데 소·말·양·돼지·닭 등이 주로 쓰였다.

마침내 이계는 다섯 가지 희생의 오줌을 받아 그것으로 목욕하였
다. 또 다른 이야기에 따르면 난초 끓인 물로 목욕했다고 한다.

— 《한비자》[2] 〈제31편 내저설 좌하〉

생각하기

일찍이 아리스토텔레스는 '인간은 그 본성에 있어서 정치적 동물
이다'라고 말하였다. 그리고 누군가 자기가 속한 공동체를 벗어나
살 수 있으면 그는 인간 이상의 존재이거나 아니면 그 이하일 것이
라고 하였다. 당신이 몸담고 있는 회사는 본래 경제적 이익을 추구
하는 조직체가 분명하지만 아리스토텔레스적 관점에서 보면 엄연
한 정치 공동체의 하나이다. 따라서 회사 안팎에서 매일 벌어지는
갖가지 사건들은 대부분 나름의 정치적 의미를 담고 있다. 우리는
그것을 통틀어 한마디로 사내정치社內政治라고 일컫는다.

오늘날 사내정치는 여러 가지 측면에서 왕조시대 궁정정치의 모
습과 닮아 있다. 왕정 시대의 궁정인들은 겉으로는 높은 수준의 교

---

2 《한비자》는 모두 55편으로 구성되어 있다. 이들 중 〈고분〉, 〈오두〉, 〈내외저〉, 〈설
림〉, 〈세난〉 등은 한비자가 직접 지었으나, 나머지 편은 후대에 여러 경로로 더해
진 것으로 알려진다.

양과 세련된 품행을 보이면서 속으로는 온갖 음모와 술수를 마다하지 않는 이중적 삶을 살아야 했다. 이런 모순된 삶 속에서 정해진 규칙을 있는 그대로 받아들이는 순진한 신사는 물론 노골적 혹은 폭력적 방법으로 주변을 긴장시키는 무뢰한 역시 소리 없이 제거되곤 하였다. 오늘을 사는 직장인들의 삶 또한 그들과 별반 달라 보이지 않는다. 경쟁은 더욱 치열해졌으며 상층부로 오를수록 교양과 품위는 기본이고 민주적이고 공정해야 한다. 그러나 그것을 곧이곧대로 하면 '순진한 친구'라는 비아냥은 고사하고 어쩌면 경쟁자들에게 무참히 짓밟히는 수모를 감내해야 할지 모른다. 예나 지금이나 조직인은 그 같은 선택의 딜레마를 숙명처럼 안고 사는 존재이다.

당신은 조직에서 성공하고 싶은 사람이다. 여기서 성공이란 회사의 주요한 정책 결정에 발언권을 행사하고 구성원들의 행동에 유·무형의 영향을 미칠 수 있는 힘을 갖는 것을 말한다. 그것은 곧 권력의 소유를 의미한다. 주지하듯 권력을 차지하는 것은 결코 혼자 힘으로 되는 것은 아니며 우군이 없으면 불가능하다. 우군이란 소극적으로는 적의 비난으로부터 당신을 감싸줄 방패막이고 적극적으로는 옹호하고 지지해주는 지주목 같은 존재이다. 그럼 어떻게 그들을 얻을 수 있을까? 가장 쉽고 확실한 방법은 뜻을 같이하거나 이해를 나누는 특정 집단에 당신을 소속시키는 것이다. 구체적으로 말하면 도움이 될 만한 회사 내 특정 서클에 가입하는 것으로 그것이 당신이 사내정치에 첫발을 내딛는 출발점이 된다.

조직에서 성공하려면, 아니 살아남으려면 싫든 좋든 사내에서 벌어지는 정치게임에 관심을 갖지 않을 수 없다. 특히 오늘날의 회사조직처럼 다양한 배경을 가진 수많은 사람들이 첨예하게 경쟁하는 공간 속에서 혼자 초연할 수 없다. 이 경쟁에서 루저loser가 되는 순간을 상상해 보라. 어느 누구도 거들떠보지 않는 하찮은 존재가 될까 두렵다. 상상이 현실이 되지 않으려면 다른 도리가 없다. 우선 사내정치를 패거리 싸움 정도로 백안시하는 태도에서 벗어나 그것을 긍정적으로 받아들여야 한다. 그리고 이왕 마음먹고 참여하였다면 어리둥절하여 서툰 실수를 반복하기보다 차라리 그것을 활용하는 기술을 익히는 편이 낫다.

고대 그리스의 시인 소포클레스의 말처럼 권력은 너무 차가워서 오래 쥐고 있을 수 없지만 그렇다고 바로 내려놓기도 싫은 묘한 존재이다. 아무리 권력이 차갑고 냉혹할지라도 스스로 내려놓는 사람은 많지 않다. 권력을 쥐고 싶으면 또 그것을 오랫동안 놓지 않으려면 응원하는 사람들이 그만큼 많아야 한다. 편들어 주는 사람이 많을수록 당신은 더욱 권력 가까이에 있을 것이다.

현명한 자가 오히려 어리석은 자에게 굴복당하는 것은 그 권세가 가볍고 지위가 낮기 때문이며, 어리석은 자가 현명한 자를 굴복시킬 수 있는 것은 그 권세가 크고 지위가 높기 때문이다. 만약 성군 요堯 임금이 필부였다면 세 사람도 미처 다스릴 수 없었겠지만, 폭군 걸桀은 천자였기 때문에 천하를 어지럽힐 수 있었다. 이로써 권세와 지위는 의지하기에 충분하지만 현명함과 지혜는 따르기에 부족함을 알 수 있다. 대저 활은 약하지만 화살이 높이 올라가는 것은 바람을 타기 때문이며, 어리석은 자의 명령이 실행되는 것은 많은 사람들이 그것에 복종하기 때문이다. 이로써 현명함과 지혜는 많은 수의 백성을 복종시키기에 충분하지 않지만, 권세와 지위는 현명한 자를 굴복시키기에 충분함을 알 수 있다.

— 《한비자》〈난세〉

2
무엇을 말하느냐보다
누가 말하느냐가 중요하다

이야기 1-2-2

송宋나라에 어떤 돈 많은 부자가 있었다. 어느 해 여름 비가 많이 와서 집 담장이 무너지자 그의 아들이 말했다.

"담장을 쌓지 않으면 반드시 도둑이 들 것입니다."

이웃에 사는 노인도 무너진 담장을 보고서 역시 같은 말을 하였다. 공교롭게도 그날 저녁 도둑이 들어 부자는 많은 재물을 잃게 되었다. 이튿날 부자 집안사람들은 그 아들에 대해서는 매우 지혜롭다고 칭찬하면서 같은 말을 했던 이웃 노인에 대해서는 혹시 도둑이 아닌가 의심하였다. 이 두 사람은 둘 다 옳은 말을 했지만 사람에 따라 가볍게는 의심을 피하기 어렵게 되었으며 심하면 죽임을 당할 수 있는 상황에 이른 것이다. 그것은 결국 무엇을 말하느

냐보다 누가 말하느냐가 더 중요한 문제였기 때문이다.

- 《한비자》〈제12편 세난〉

생각하기

　조직은 위계와 그에 따른 권력으로 움직인다. 위계가 높으면 권력도 크지만 반드시 그런 것은 아니다. 오히려 실세라고 불리는 사람들은 종종 위계와 상관없이 권력을 누리기도 한다. 그렇지만 그들은 자신의 모습을 잘 드러내지 않는 것이 보통이다. 위계와 상관없이 누구에게 힘이 실려 있는지를 알아차리는 것은 사내정치에서 매우 중요한 포인트이다. 그것을 알아내는 가장 손쉬운 방법은 사람들이 누구의 말에 귀를 기울이는지를 살피는 것이다. 누가 옳은가를 따질 필요는 없다. 누가 그 말을 했느냐가 훨씬 중요하다.

주인님께 진실을 이야기하는 착한 노예에게
그것은 좀 지나치십니다.
진실이 한껏 왜곡되어 있으니까요.

- 플라우투스

고대 로마의 희극작품에 나오는 대사로 어느 노예가 믿기지 않는 괴이한 일을 두 눈으로 똑똑히 보고서 그대로 전하는데 주인은 도무지 믿지 않는 상황이다. 설사 거짓일지라도 지체 높은 사람이 같은 말을 했다면 진실이 될 수 있음을 암시하는 대목이다. 주변을 잠시 둘러보라. 이러쿵저러쿵 갑론을박하다 결국 힘 있는 상사의 한마디 말에 모든 것이 정리되는 광경을 볼 수 있다. 그의 결정이 옳은지 그른지 당장은 알 수 없다. 그럼에도 불구하고 기꺼이 그것을 따르는 것은 그의 말이 힘, 즉 권력에 뒷받침되고 있기 때문이다.

권력에 가까이 가려면 먼저 권력의 풍향계를 잘 살피는 감각을 가져야 한다. 그리고 그것이 가리키는 방향에 맞게 몸을 움직여야 한다. 높은 산의 나무는 결코 그 키가 크지 않고 그 풀은 바람을 마주하지 않는다. 자신의 처신이 권력의 향방에 순방향인가 아니면 역방향인가를 알아야 한다. 권력의 풍향계를 잘못 읽어 몸을 망친 사례는 동서고금으로 허다하다. 그 고전적 사례로서 초한전楚漢戰[3]에서 '전쟁의 신神'으로 불린 한신韓信의 얘기를 들어보자.

한신이 승승장구하여 제나라 왕이 되었을 때다. 한신의 참모 중 괴통이란 자가 있었다. 어느 날 그는 한신에게 이렇게 말했다.

"지금 천하는 항우와 유방으로 나뉘어 수년간 싸워 백성들은 이미 도탄에 빠져 지친 상태입니다. 이런 상황에서 초나라와 한나라의 운명은 오직 장군께 달려 있습니다. 만약 장군이 나서서 항우와 유방을 조정하여 싸움을 그치게 하고 천하를 삼분한다면 그것은 초나라와 한나라에도 이로울 것이며 백성들 또한 도탄에서 건질 수 있습니다. 만약 항우와 유방이 장군의 제의를 거절하면 여러 제후들을 앞세워 밀고 나가면 됩니다. 그렇게 되면 초와 한의 힘은 줄어들고 장군의 위세는 더욱 커져 제후들이 스스로 장군에게 귀의할 것입니다."

괴통의 말이 끝난 후 한참을 생각하던 한신은 말했다.

"알겠네. 더 생각해 보겠네."

---

3 초한전楚漢戰: 진시황 사후 전국 각지에서 반란이 일어나 진秦 제국은 3세 황제 자영을 끝으로 멸망했다.(B.C. 206년) 진나라가 멸망한 후 진에 대항하여 함께 싸우던 항우와 유방은 각각 초나라와 한나라로 나뉘어 5년여에 걸쳐 중원의 패권을 놓고 다투었는데 이 전쟁을 초한전이라 한다. 해하垓下의 전투를 끝으로 결국 유방이 승리하면서 한漢 제국 400년의 역사가 시작되었다.

괴통의 제안을 유방을 배신하라는 뜻으로 받아들인 한신은 유방에 대한 의리 때문에 차마 결심을 못하고 주저할 뿐이었다. 그 후 여러 번 괴통의 설득이 있었으나 결국 한신은 자신의 공적에 대한 자부심과 유방에 대한 믿음 때문에 괴통의 말을 따르지 않았다. 괴통의 마지막 말은 의미심장하다.

"들으니 '용기와 지략이 군주를 떨게 하는 자는 그 자신이 위태롭고, 공로가 천하를 덮는 자는 받을 상이 없다'고 합니다. 공은 이루기 어려우나 허물어지기 쉽고, 기회는 얻기는 어려우나 잃기는 쉬운 법, 모든 것이 때에 달려 있습니다. 깊이 통찰하십시오."

그 후 유방의 천하통일이 완성될 무렵 한신은 유방에게 반기를 들었으나 이미 때는 늦었다. 한신은 여후와 장량의 계략에 말려 체포되는 신세가 되었다. 그의 최후의 한탄을 들어보자.

"내가 일찍이 괴통의 진언을 받아들이지 않은 것이 천추의 한이구나!"

— 《사기》〈회음후 열전〉

3
총애자를
이용하라

이야기 1-3-3

설공[4]이 제齊나라 재상을 지낼 때 일이다. 제나라 왕의 정부인이 죽었는데 그때 왕의 사랑을 받는 후궁이 열 명 정도 있었다. 설공은 이들 중 왕이 마음에 두고 있는 후궁이 누구인지 알아내어 그녀를 왕비로 삼도록 청할 생각이었다. 왕이 만약 그의 청을 따르면 그것은 왕이 자기를 인정한 것이고 새 왕비에게도 자신이 중요한

---

4 설공薛公(?~B.C. 279?) : 중국 전국시대 말기의 정치가. 본명은 전문, 제나라 왕족으로 이른바 '전국 4공자' 중 하나이다. 맹상군이란 시호로 더 잘 알려져 있으며 설薛 땅에 봉지를 두어 설공이라 불렸다. 천하의 인재를 모아 후하게 대접하여 이름이 높았으며 진나라, 제나라, 위나라의 재상을 역임하였다. 계명구도鷄鳴狗盜와 명불허전名不虛傳 같은 고사성어의 주인공이 바로 그이다.

인물이 되는 것이었다. 설공은 옥 귀걸이 열 개를 준비하고 그중 하나는 특별히 아름답게 꾸며 왕에게 바쳤다. 왕은 옥 귀걸이를 열 명의 후궁에게 나누어 주었다. 이튿날 설공은 가만히 자리에 앉아 누가 그 특별히 아름답게 꾸민 귀걸이를 걸고 있는지 살폈다. 그리고 그것을 걸고 있는 후궁을 왕비로 삼으라고 왕에게 청하였다.

- 《한비자》〈제34편 외저설 우상〉

생각하기

권력을 다투는 데 누구와 사귀느냐는 매우 중요한 문제이다. 가능하면 권력자와 가까이 사귀고 싶지만 쉬운 일이 아니다. 그렇다면 권력자와 가까운 사람과 사귀는 것은 차선이지만 꽤 효과적이다. 특별히 권력자와 인간적, 감정적으로 가까운 사람이면 더 좋다. 그들은 대개 커튼 뒤에 몸을 숨긴 채 권력자의 총애를 이용하여 조직 내 의사결정에 적잖은 영향력을 행사한다. 그래서 막후 실세라고 불린다. 그들은 되도록 남의 눈에 띄지 않게 은밀히 움직이기 때문에 그들에게 다가가더라도 불필요한 의심이나 시샘을 피할 수 있어서 더욱 안심이다. 사내정치에 적극적인 당신은 최소한 그들이 누구인지 반드시 알아야 한다. 어디에 숨든지 사냥개 같은 후각을 동원하여 기어코 찾아내야 한다.

어쩌다 권력자가 멀리하는 사람과 가까이 지낼 수 있다. 혹은 행운과 거리가 먼 사람들과 엮이는 경우도 있다. 그들의 불평에 맞장구치며 함께 세상을 원망하다 보면 속은 후련할지 모른다. 그러나 그렇게 지내다가 같은 불행에 전염될 수 있음을 알아야 한다. 뒤늦게 정신을 차리고 그곳을 빠져나오려 하지만 적잖은 시간과 에너지를 소모할 수밖에 없다. 더욱 두려운 것은 권력자의 눈에 당신도 그들과 동일한 부류로 비칠 가능성이 높다는 점이다.

회사 안팎에서 가능하면 긍정적 특질로 감화받을 수 있는 사람과 사귀라. 아예 없거나 있더라도 부족한 훌륭한 자질을 가진 사람과 사귀라. 평소에 자신이 인색하다고 생각되면 관대한 사람을 옆에 두라. 우울한 성격이면 쾌활한 사람과 대화하라. 모르는 사이에 점점 그들을 닮아가는 당신 모습을 보는 날이 머지않을 것이다.

선한 자와 함께 하는 것은

與善人居

지초나 난초가 있는 방에 들어서는 것과 같아서

如入芝蘭之室

오래 있으면 그 향기를 맡지 못하지만

久而不聞其香

곧 그것에 동화된다.

卽與之化矣

불선한 자와 함께하는 것은

與不善人居

마치 어물전에 들어서는 것과 같아서

如入鮑魚之肆

오래 있으면 그 비린내를 맡지 못하지만

久而不聞其臭

곧 그것에 전염된다.

卽與之化矣

그러므로 군자는

是以君子

자신과 함께하는 것에 신중해야 한다.

愼其所與處者焉

- 《공자가어孔子家語》

4
공짜 점심은 없다

이야기 1-4-4

노魯나라 재상 공의휴는 생선을 무척 좋아하였다. 이 소문을 들은 사람들은 경쟁하듯 생선을 선물하였다. 그러나 그는 일절 받지 않았다. 그의 아우가 물었다.

"형님은 그토록 좋아하는 생선을 결코 받지 않는 것은 무슨 까닭입니까?"

공의휴가 대답했다.

"진정으로 생선을 좋아하기 때문에 오히려 그것을 받지 않네. 만약 생선을 받으면 선물한 자에게 몸을 낮춰야 할 것이고, 몸을 낮추다 보면 법을 제대로 집행할 수 없을 것이며, 법을 제대로 집행하지 못하면 재상 자리에서 쫓겨날 것이네. 그렇게 되면 아무도 다시 생선을 보내지 않겠지만 나 또한 사 먹지도 못할 것이네. 그러나 받지 않으면 재상 자리에서 쫓겨 날 일도 없을 것이고 좋아하는 생선을 오래도록 사 먹을 수 있을 것 아닌가."

　이것은 남을 믿는 것이 결코 자신을 믿는 것만 못하고, 남이 나를 위해 주는 것이 내가 나를 위하는 것만 결코 못하다는 사실을 밝힌 것이다.

- 《한비자》〈제35편 외저설 우하〉

생각하기

　노벨 경제학상을 수상한 신고전주의 경제학자 밀턴 프리드먼 Milton Friedman 1912-2006은 '세상에 공짜 점심 같은 것은 없다 there's no such things as a free lunch라고 하였다. 원래 기회비용機會費用을 설명하기 위해 나온 말인데 어떤 선택에도 대가가 따른다는 뜻으로 많이 쓰인다. 그렇다. 가벼운 점심 한 끼도 공짜가 없는데 어떤 일에 공짜를 바라겠는가? 오늘 당장 공짜처럼 보이지만 내일 바로 그 대가를 지불해야 할지 모른다. 설령 진짜 공짜라도 내키지 않은 고마움을 표시해야 하거나 그 의도를 추리해야 하는 수고 등을 감안하면 결국 공짜는 없는 것이다.

　세상 모든 것은 값이 있다는 점을 명심하라. 그러므로 현명한 사람은 공짜나 싸구려에 현혹되어 자신의 독립과 운신의 폭을 좁히는 짓을 하지 않는다. 늘 제대로 된 값을 치름으로써 위험에 얽히거나 쓸데없는 걱정에서 자유를 누린다. 그들은 공짜에 집착하거나 작은 것을 흥정하는 것을 시간 낭비로 여긴다. 싸구려에 집착하기보다 큰 것에 선뜻 제값을 지불하는 통 큰 행동은 권력 경쟁에 확실히 유리하다. 권력은 돈으로만 계산되는 것은 아니며 시간, 위엄과 명성, 마음의 평화 등 모두가 그 판단 기준이기 때문이다.

중국 춘추시대에 변방의 월越나라가 일약 중원의 패자로 부상한 데는 재상 범려范蠡[5]의 공로가 컸다. 고대중국 역사에 족적을 남긴 인물들의 공통된 특징 하나를 들면 그들 대부분이 천수를 누리지 못했다는 것이다. 그러나 범려만큼은 뛰어난 예지와 포기할 줄 아는 지혜로 천수는 물론 말년에는 큰 부富까지 이루어 중국인들에게 상성商聖으로 추앙받은 인물이 되었다. 범려 같은 인물에도 아픈

---

5 범려范蠡: 중국 춘추시대 후기 월나라의 재상으로 B.C. 478년 월나라가 오나라를 멸망시키는 데 결정적 공헌을 하였다. 그러나 범려는 월왕 구천이 '고생은 함께할 수 있으나 즐거움은 함께하기 어려운 인물'이라고 여겨서 월나라를 떠났다. 그 후 개명하여 도주공陶朱公이란 이름으로 사업을 벌여 큰돈을 벌었다. 번 돈을 세 번이나 사람들을 위해 크게 베풀어 삼취삼산三聚三散이란 고사성어를 남기기도 하였다.

가족사가 있었으니 잠깐 보자.

도주공은 세 아들을 두었다. 그 중 둘째 아들이 살인죄로 초나라 감옥에 갇히게 되었다. 아들을 구명하기로 마음을 먹은 도주공은 편지 한 통을 써서 큰아들에게 주면서 말했다.

"초나라에 가서 이 편지와 준비한 황금을 장생의 거처에 보내고 그분이 하라는 대로 하되 일에 대해 묻거나 따지지 않도록 각별히 조심해야 한다."

초나라에 도착한 장남은 곧장 장생을 찾았고 아버지의 심부름으로 가져온 편지와 황금을 그에게 전달하였다. 장생이 말했다.

"속히 이곳을 떠나라. 혹 네 아우가 출옥하더라도 어떻게 나왔는지 묻지 마라."

장생은 비록 가난하였지만 청렴하고 곧기로 온 초나라에 소문이 나서 왕도 그를 스승으로 존경하는 사람이었다. 장생은 왕을 알현하고서 은덕을 베풀어 재앙을 물리쳐야 한다고 말하고 사면을 건의하였다. 다행히 그 사면자 명단에는 도주공의 둘째 아들도 포함되어 있었다. 아무것도 알 리 없는 장남은 동생의 사면 소식을 듣고 은근히 본전 생각이 들어 장생의 집으로 갔다.

"아니? 자네 아직 가지 않았는가?"

"예, 저번에 부탁드린 동생 일이 잘 풀려서 인사나 드리고 떠나려고 들렀습니다."

장생은 그 뜻이 황금을 되돌려 달라는 것임을 알아차리고서 받았던 것을 그대로 되돌려 주었다. 장남은 속으로 좋아하면서 중얼거렸다.

"막중한 천금을 아무것도 하지 않은 장생에게 헛되이 버릴 뻔하였구나!"

장생은 어린애에게 이용당한 것이 부끄러웠다. 그는 다시 왕을 만나 말했다.

"궁에 오면서 들으니 이번에 군주께서 행한 사면이 도陶에 사는 부자의 아들을 사면하기 위한 것이었다고 합니다."

왕은 크게 화를 내면서 주공의 아들을 처형할 것을 명하고 다음 날 사면령을 다시 내렸다. 주공의 장남은 결국 동생의 시신을 갖고 돌아갈 수밖에 없었다. 아들의 시신을 마주한 주공은 혼자 쓴웃음을 지으며 말했다.

"나는 큰아이가 틀림없이 동생의 시신과 함께 돌아올 것이라고 처음부터 알고 있었다. 큰애는 어렸을 적부터 나와 함께 고생을 많이 하여 삶의 어려움을 잘 알아서 의당 버려야 할 재물도 아까워한다. 그는 재물을 버리지 못해 결국 동생을 죽게 하였으니 이것은 당연한 이치로서 크게 슬퍼할 일이 아니다. 나는 그가 동생의 시신을 안고서 돌아올 날을 밤낮으로 기다렸다."

– 《사기》〈월왕구천 세가〉

5
상대방의 호의를 의심하라

이야기 1-5-5

진晉나라의 지백[6]이 구전이란 나라를 치려고 하였으나 길이 험하여 갈 수가 없었다. 이에 커다란 종을 주조하여 구전의 군주에게 보냈다. 크고 좋은 종을 본 구전의 군주는 매우 기뻐하여 길을 닦아 지백의 군사를 맞아들이려 했다. 이때 대신 적장만지가 말했다.

"안 됩니다. 예로부터 선물을 보내는 것은 작은 나라가 큰 나라

---

6 지백知伯: 중국 춘추시대 진晉나라의 6개 유력가문 중 가장 강력한 세력을 형성했으나 탐욕이 지나쳐 한씨와 위씨와 연합한 조씨 가문에게 멸망 당했다. 이로써 진나라는 한韓·위魏·조趙 3국으로 분열되어 진秦·초楚·제濟·연燕과 함께 전국칠웅戰國七雄 시대를 열게 되었다. (자세한 것은 이 책〈이야기 1-28-30〉참조.)

를 섬기는 방법입니다. 그런데 지금 큰 나라인 진나라가 작은 나라인 우리에게 먼저 종을 보냈으니 반드시 진나라 군대가 그 뒤를 따를 것입니다."

그러나 군주는 그의 말을 듣지 않고 끝내 지백의 군대를 받아들이고 말았다. 적장만지가 수레를 타고 제나라로 도망간 지 일곱 달이 안 되어 구전은 진나라에게 망하였다.

- 《한비자》〈제23편 설림 하〉

생각하기

조직에서 성공하려면 해야 할 것과 하지 않아야 할 것을 구분하는 능력이 있어야 한다. 후자 중 알면서도 결코 지키기 쉽지 않은 것이 있다. 아무리 화가 치밀어도 예의와 겸양을 벗어나지 않아야 하는 것이 그것이다. 좋은 평판을 유지하며 조직과 함께 오래하려면 반드시 지켜야 할 원칙 같은 것이다. 전자 중 하나는 알면서 모른 척 상대의 실수를 눈감아주거나 '하얀 거짓말'로 상대를 배려하는 등 아량을 베푸는 일이다.

모든 돌 아래에는 전갈이 숨어 있다.

- 소포클레스

아무리 그렇다 하여도 합리적 의심이 수반되는 호의까지 그냥 받아들이는 것은 위험하다. 그것은 대개 구미를 당기는 외관으로 포장되어 의심은 가지만 거절하기 쉽지 않다. 다행히 그것의 속내를 알아차렸다면 가진 것 중 내주어도 괜찮은 것을 찾아보라. 그리고 아무런 눈치도 채지 못하고 그저 선의로 내놓는 것처럼 하라. 당신의 순진한(?) 대응에 안도한 상대방은 스스로 경계의 눈초리를 거둘 것이다. 어떤 때는 그들의 속내를 이미 간파했다는 뜻을 넌지시 알리는 것도 방법이다. 아마 생선을 훔치다 들킨 고양이 마냥 당황할 것이다. 이때를 놓치지 않고 당신도 원하는 것을 슬며시 내민다. 십중팔구 그것은 별다른 저항 없이 받아들여질 것이다.

6
사냥이 끝난 사냥개는 삶아 먹힌다

이야기 1-6-6

 월越나라 왕 구천句踐이 오나라를 공격하자 오吳나라 왕 부차夫差가 강화를 청하였다. 구천은 강화를 허락하려 하였으나 재상 범려와 대부 문종이 반대하며 말했다.
 "안 됩니다. 전에는 하늘이 우리 월나라를 오나라에 주었습니다만 오나라가 받지 않았습니다월나라가 오나라에 항복한 적이 있다. 지금은 하늘이 예전과 반대로 하고 있으니 이 또한 하늘의 뜻일 것입니다. 하늘이 이미 오나라를 월나라에 넘기려는 것이니 두 번 절한 후 받으십시오. 저들의 강화를 받아들여서는 안 됩니다."

이때 오나라 태재백비[7] 전에 월왕 구천을 살린 적이 있다가 문종에게 편지를 보내왔다.

"옛말에 '교활한 토끼가 모두 잡히면 그 토끼를 쫓던 사냥개는 삶아 먹히고, 적국이 없어지면 계책을 내던 신하는 쓸모가 없어져 죽는다' 하였습니다. 그대는 우리 오나라 왕을 살려주어서 그대가 계속해서 월나라에 쓸모 있는 신하로 남아야 하지 않겠습니까?"

대부 문종이 편지를 읽고서 크게 탄식하며 말하였다.

"나는 죽었구나. 나도 오나라 왕 부차와 같은 운명을 맞겠구나!"

몇 년 후 범려는 월나라를 떠났고 조정에 남은 문종은 구천에게 죽임을 당하였다.

— 《한비자》〈제31편 내저설 하〉

생각하기

타인의 능력이나 품성에 후한 점수를 거저 주는 사람은 많지 않

---

7 태재백비太宰伯嚭: 춘추시대 말기 오월쟁패吳越爭霸가 한창이던 당시 오나라의 재상을 지냈던 인물. 감언이설과 아첨에 능해 강직한 성격의 오자서와 자주 충돌, 결국 오자서를 모함하여 죽게 하였으나 그 자신 또한 왕 부차에게 죽임을 당했다. (이 책 제3부 18항 '와신상담' 참조.)

다. 단지 얼마나 쓸모 있는가에 따라 점수가 매겨지는 것은 유감이지만 사실이다. 그렇게 보면 선량하다는 칭찬보다 밉지만 쓸모 있는 편이 더 낫다. 필요한 사람은 비록 미움은 받을지 몰라도 버림까지 받을 걱정은 하지 않아도 되기 때문이다. 더구나 필요가 충족되기까지 어느 정도의 종속은 불가피하다. 권력자는 사랑보다 차라리 공포의 대상이 되는 것이 낫다는 마키아벨리의 주장은 그래서 설득력이 있다. 권력은 그런 것이다.

너는 사귀기 어려우면서 사귀기 쉽고,
기분 좋은 녀석이면서 기분 나쁜 녀석이며,
너와 함께 살지는 않지만 네가 없으면 살 수 없다.

- 마르티알리스

경험은 말한다. 사람들의 희망을 묶어 두되 결코 쉽게 충족시키지 말라고. 그동안 종속은 불가피하며 당신은 그들에게 엄연한 권력자가 된다. 궁극의 권력은 사람들로부터 독립하는 것이 아니라 그들을 의존하도록 만드는 것이다. 숲속에 혼자 사는 자연인은 무한한 독립을 느낀다. 그곳에서 그는 무엇이든 원하는 대로 할 수 있기 때문이다. 그러나 자연인은 권력을 가질 수 없다. 누구도 그를 필요로 하지 않으며 어느 것도 의존하는 것이 없기 때문이다.

7
어느 편에도
서지 마라?

이야기 1-7-7

한韓나라와 조趙나라 사이에 다툼이 생겼다. 한나라 군주가 위魏나라에 군대를 청하며 말하였다.

"귀국의 군대를 빌어 함께 조나라를 치고자 합니다."

위문후魏文侯가 대답하였다.

"저희와 조나라는 형제 사이기 때문에 그 말을 따를 수 없음을 양해하시기 바랍니다."

조나라 역시 위나라에 군대를 빌려 한나라를 치려고 하였다.

문후가 같은 대답을 하였다.

"저희와 한나라는 형제 사이기 때문에 그 말을 따를 수 없음을 양해하시기 바랍니다."

두 나라가 모두 위나라로부터 군대를 빌리지 못하자 화를 내며 돌아갔다. 그러나 얼마 후 위문후가 자기들을 서로 화해시키려고 그렇게 했다는 것을 알게 되자 두 나라 모두 위나라 조정에 예를 표하였다.

- 《한비자》〈제23편 설림 하〉

생각하기

권력 게임은 다른 말로 '줄서기 게임'이라고 할 수 있다. 어느 줄에 서는가에 따라 운명은 완전히 달라질 수 있다. 그러나 당신의 좁은 안목으로는 어느 줄에 서야 할지 결정하기가 쉽지 않다. 이때 가장 손쉬운 선택은 우선 어느 곳에도 서지 않고 그냥 가만히 상황을 지켜보는 것이다. 이른바 중립적 스탠스를 유지함으로써 몸값을 올리는 것이다. 새침한 처녀처럼 희망은 주되 어느 편에도 만족은 주지 않는다. 그러나 그것이 주효하려면 당신의 존재가 충분히 아니면 어느 정도 매력적이어야 하는 것은 당연하다. 매력 없는 처녀에게 구애하는 총각 역시 별 볼 일 없을 것이기 때문이다.

그러나 중립적 스탠스를 마냥 오래할 수는 없다. 중립을 고수하다 자칫 양쪽의 비난을 모두 감수해야 할지 모른다. 차라리 처음부

터 어느 한쪽을 선택하는 것이 나을 수 있다. 마키아벨리의 충고를 들어보자.

전하의 동지가 아닌 사람은 전하에게 중립을 요구하고, 전하의 동맹자는 전하께서 무기를 들고 함께 싸워 줄 것을 요구할 터인데 이런 일은 항상 일어날 수 있는 것입니다. 이런 경우 과단성 없는 군주는 순간의 위기를 모면하기 위해 일반적으로 중립을 택하지만 그런 식의 처세는 대체로 파멸에 이르게 됩니다. 전하께서 용기를 내어 어느 한쪽에 가담할 경우, 만약 합세한 쪽이 승리하면 그는 전하께 빚을 지게 되고 결국 전하께 우정을 느끼게 될 것입니다. 반대로 전하께서 지원했던 군주가 패배할지라도 그는 전하를 동지로 받아들이고 그가 할 수 있는 데까지 전하를 도울 것이며, 장차 일어날지 모를 어떤 사건에서도 전하와 운명을 함께할 것입니다.

- 《군주론》〈21-5〉

중요한 선택의 순간에 중립으로 공정을 가장하는 사람들이 있다. 곤란한 의사결정을 앞두고서 중립을 표방하여 그것을 공평무사로 포장하는 것이다. 그러나 그것은 '누구라도 이기는 편이 내 편이다'는 시정잡배의 천박한 중립과 별반 다를 것이 없다. 솔직히 말하면 오직 자기 이익만 챙기는 얌체족들의 술책으로서 깊이 들여다보지 않으면 금방 간계奸計라는 것을 알 수 없다. 그러나 아무리 간사한 그들도 현명한 선각자들의 눈을 피하기는 어려웠던 모양이다.

지옥 불 중 가장 뜨거운 자리는 결정적 순간에 중립을 표방한 자들을 위해 준비되어 있다.

- 단테의 《신곡》

8
상대방의 우상을 이용하라

이야기 1-8-8

위魏나라 문후 때 이회는 상지 태수가 되었다. 그는 백성들을 활을 잘 쏘는 명사수로 만들기 위해 다음과 같은 영을 내렸다.

"백성들 사이에 판가름하기 힘든 송사가 생겼을 경우 과녁을 쏘아 맞히는 자가 이기고 맞추지 못한 자는 진 것으로 하겠다."

이 영을 내리자 사람들은 모두 활쏘기 연습을 열심히 하여 하룻밤도 쉬지 않았다. 마침내 진나라와 전쟁이 일어나자 위나라는 진나라를 크게 물리쳤으니 백성들이 모두 활을 잘 쏘았기 때문이다.

- 《한비자》〈제30편 내저설 상〉

생각하기

우상은 사람들이 숭배하는 신이나 물건의 이미지를 따서 금속이나 나무로 만든 형상 또는 그 상징물을 말한다. 원래 종교적 의미에서 출발하였지만 철학적으로는 참이 아닌 별도의 모습이나 참과 거짓 사이에 개재하여 참을 가리는 것을 의미한다. 현대 자본주의 사회에서 최고의 세속적 우상은 무엇일까? 아마 돈, 명예 그리고 사랑 정도가 아닐까. 이들 우상은 많은 경우 사람을 움직이는 원동력이며 굳게 닫힌 마음의 빗장을 여는 열쇠가 되기도 한다. 마음속 우상을 파악하여 상대를 움직일 수 있으면 당신은 이미 탁월한 인간 경영자이다. 특히 상대가 당신에게 중요한 사람이면 그 의미는 더욱 크다.

대부분의 우상은 알고 보면 아주 저급한 욕망에 불과한 경우가 많다. 더구나 지위가 높고 인격이 고상해 보일수록 우상 역시 우아할 것이라고 기대하지만 많은 경우 그것은 빗나간 예상이 되곤 한다. 그럴수록 자기의 우상이 노골적으로 밖에 드러나는 것을 좋아할 사람은 없다. 그에게 접근하려면 그것을 감안해야 한다. 우선 그의 우상에 대하여 평소 아는 것이 전혀 없는 것처럼 행동한다. 그리고 그냥 한 손으로 그의 우상을 쥐어 올리면서 다른 한 손으로

당신의 요구를 살짝 내어 보인다. 열 중 아홉은 눈앞의 우상에 자기를 굴복시킬 것이다. 영화 〈대부the Godfather〉에 등장하는 유명한 대사 한 토막이 생각난다.

"어떻게 할 것입니까?"
대부는 주저하지 않고 대답한다.
"그들이 결코 거부할 수 없는 제안을 하는 거야!"

초楚나라 회왕이 진나라에서 온 장의張儀를 붙잡아 감옥에 가두었다. 장의를 구하려고 초나라 상대부 근상이 회왕의 애첩 정수에게 말했다.
"장의는 진나라 왕에게는 충성과 믿음 그리고 공도 큰 신하입니다. 진나라 왕은 그를 구하기 위해 아름다운 무희와 보물을 준비하고 있다고 들었습니다. 만약 진나라 미인들이 오면 왕은 틀림없이 그들을 사랑하게 될 것입니다. 그렇게 되면 왕으로부터 당신은 날로 멀어지고 어느 날 아주 잊혀지고 말겠지요."

정수가 말했다.

"모든 것을 그대에게 맡기겠습니다. 어찌하면 좋겠습니까?"

근상은 말했다.

"왕께 장의를 빨리 풀어주라고 청하십시오. 그가 풀려나면 진나라가 미녀들을 보낼 리도 없고 또한 진나라는 당신을 중히 여길 것입니다. 그렇게 되면 당신은 안으로는 왕의 총애를 계속 받게 되고 밖으로는 진나라의 도움을 받아 장의까지 이용하면 당신 자손은 틀림없이 태자가 될 것입니다. 그 정도면 평민이 누릴 수 있는 최고의 축복이 아니겠습니까?"

과연 정수는 회왕을 설득하여 장의를 풀어주게 하였다.

－《전국책》〈초책〉

9
거짓말도
하기 나름

이야기 1-9-9

초나라 왕에게 불사약을 바치려는 사람이 있었다. 알자손님을 안내 하는 관리가 약을 들고 궁 안으로 들어갔다. 시종무관이 물었다.

"먹어도 되는 것이오?"

"그렇소."

그 말을 들은 시종무관은 약을 가져가 먹어버렸다. 왕이 크게 화를 내어 그를 죽이려 하였다. 시종무관이 사람을 시켜 왕을 설득하였다.

"제가 알자에게 '먹어도 되는 것이오?'라고 묻자 '그렇소'라고 대답했기 때문에 제가 그 약을 먹었습니다. 저는 말한 대로 했으니 죄가 없고 죄는 그렇게 말한 알자에게 있습니다. 더욱이 그 약이 불사약이라 들었는데 그것을 먹은 사람이 죽게 되면 이미 불사약이 아닙니다. 그것은 감히 왕을 속인 것이나 다름없습니다. 죄 없는 신하를 죽여서 왕께서 속은 것을 세상에 알리는 것보다 차라리 저를 풀어주는 것이 더 나을 것입니다. 깊이 헤아려 주십시오."

마침내 왕은 그를 죽이지 않았다.

- 《한비자》〈제22편 설림 상〉

생각하기

고대 그리스를 출발하여 중세까지 유럽대학에서 신학 및 논리학과 더불어 가장 중요한 학문 분야를 이룬 것이 수사학rhetoric이다. 수사학은 원래 말을 수식하는 기술이란 뜻으로 상대를 설득하기 위한 언어기법을 익히는 학문이다. 이야기에 나오는 시종무관은 현란한 언어기법을 발휘하여 궁지를 벗어나는 수사학의 대가인 셈이다.

사람들은 대개 웅변은 존경하지만 수다는 경멸한다. 전통적으로 과묵을 미덕으로 여겨온 동양사회는 더욱 그런 것 같다. 웅변은 예나 지금이나 그 힘이 막강하다. 어느 때 어느 곳을 막론하고 뛰어난 언변은 사람들의 마음을 움직이는 강력한 수단이다. 상대를 설득할 때 명쾌하고 논리적인 웅변만큼 효과가 큰 것은 없을 것이다. 그러나 지나치게 확신에 찬 웅변은 오히려 거부감을 줄 수 있으므로 완급을 조절하는 세련미가 필요하다. 소신은 과감하되 상대가 끼어들 여지를 남겨 함께 결론에 도달하는 모양새가 좋다. 상대의 논리가 아무리 탁월하여도 참여하지 않은 결과에 쉽게 수긍하는 사람은 많지 않기 때문이다. 확신과 정열에 찬 웅변 한마디가 세상을 바꾼 사례는 적지 않다. 그 대표적 예를 동·서양으로 나누어 보자.

진시황이 죽은 후 제2대 황제로 호해胡亥가 즉위하였으나 환관 조고趙高의 국정농단으로 민생은 더욱 피폐해졌다. 진승陳勝은 오광과 함께 만리장성을 축조하는 노역병으로 차출되어 다른 노역자들을 인솔하여 정해진 장소로 이동하고 있었다. 마침 큰비가 와 길이 막힌 탓으로 정해진 기한 내에 목적지에 도달하는 것이 불가능해졌다. 당시 진나라는 매우 엄한 법을 적용하여 기한 내에 도달하지 못하는 노역자들은 모두 사형에 처하였다. 어렵게 겨우 도착하여도 어차피 살아남기는 어려운 지경에 이른 것이다. 진승은 노역자들에게 말했다.

"큰비를 만나 이제 도착 기한을 넘길 수밖에 없다. 기한을 넘기면 우리 모두 죽임을 당한다는 것을 너희는 잘 알 것이다. 설사 죽임을 면한다 하더라도 노역 중 살아남는 자는 십 명 중 겨우 서너 명에 불과하다. 남아로 태어나 쉽게 목숨을 버리지 않는다 했는데 만약 꼭 죽어야 한다면 세상에 이름이라도 남겨야 하지 않겠는가? 왕과 제후, 장수와 재상이 어찌 씨가 따로 있는가? 누구나 때가 되면 왕후장상이 될 수 있지 않겠는가?"

- 《사기》〈진섭 세가〉

'왕후장상의 씨가 어찌 따로 있는가?王侯將相 寧有種乎' 이 한마디 웅변으로 농민들의 가슴을 뒤흔든 진승은 진시황의 진 제국을 무너뜨리는 최초의 농민봉기의 지도자로 역사에 남게 되었다.

아버지처럼 따르던 시저Caesar에게 마지막 일격을 가해 그를 살해한 브루투스Brutus는 로마시민들에게 외쳤다.

"여러분 중 무엇 때문에 시저를 죽였느냐고 원망하는 사람도 있습니다.

내가 그를 사랑하는 마음이 부족해서 그런 것은 아닙니다.

나는 시저보다 로마시민을 더 사랑하기 때문에 그를 죽였습니다.

이것이 나의 대답입니다.

로마시민 여러분!

여러분은 시저가 살아서 그의 노예가 되길 원합니까?

아니면 그를 죽여 여러분의 자유를 지키는 것을 원합니까?

여러분 가운데 로마시민이 아니기를 원하는 사람이 있습니까?

로마를 사랑하지 않는 사람이 있습니까?

만약 있다면 대답하십시오.

보십시오. 한 사람도 없습니다."

브루투스의 확신에 찬 이 연설 한마디는 그를 은인을 배반한 살인자에서 500년 로마 공화정의 수호자로 바꿔 놓았다.

10
인성이
최후의 승자다

이야기 1-10-10

악양樂羊이 위나라 장군이 되어 중산中山을 칠 때 마침 그의 아들이 중산국中山國에 있었다. 악양이 쳐들어온다는 소문을 들은 중산국 군주는 악양의 아들을 가마솥에 삶아 죽였다. 그리고 그 국물을 가득 담아 악양에게 보내 왔다. 아들을 삶은 국을 받아 든 악양은 막사에 앉아 눈 하나 깜짝하지 않고 그것을 모두 마셔 버렸다. 이 소식을 들은 위나라 문후文侯가 말했다.

"악양 장군이 과인 때문에 죽은 아들의 살을 먹게 되었구나!"

옆에 있던 도사찬이 대답하였다.

"죽은 자식의 살을 먹은 그가 또 누구인들 못 먹겠습니까?"

그 후 악양이 중산국을 물리치고 돌아오자 문후는 그의 공로에는 크게 상을 내렸지만 충성심에는 의심을 거두지 않았다.

– 《한비자》〈제22편 설림 상〉

이야기 1-10-11

노魯나라의 맹손孟孫이 사냥을 나가 새끼 사슴을 사로잡았다. 그리고 가신인 진서파에게 그것을 집으로 가져가도록 하였다. 집으로 오는 도중 어미 사슴이 계속 울며 따라오자 진서파는 사로잡은 새끼를 그만 놓아주고 말았다. 집에 도착한 맹손이 사슴을 찾자 진서파가 말했다.

"차마 새끼 사슴을 데려올 수 없어 어미에게 그만 돌려주고 말았습니다."

맹손은 크게 화를 내면서 그를 내쫓았다. 그러나 석 달쯤 지나 그를 다시 불러 자기 아들의 스승을 삼았다. 주변 사람이 물었다.

"얼마 전에는 벌을 주시더니 이번에는 아들의 스승으로 삼는 것은 무슨 까닭입니까?"

맹손이 말했다.

"그가 진정으로 새끼 사슴 한 마리도 차마 하지 못하는 사람이라면 내 자식에게도 그렇게 하지 않겠는가?"

그래서 옛말에 이르길 '교묘한 속임수는 우직한 진실만 못 하다'

고 하였다. 악양은 공을 세웠지만 의심을 받았고, 진서파는 죄를 지었지만 믿음을 얻은 것이다.

- 《한비자》〈제22편 설림 상〉

생각하기

사람들은 능력만 출중하면 출세할 수 있고 강한 충성심만 보이면 승승장구할 것이라고 믿는 것 같다. 그러나 그것은 절반의 진실에 가깝다. 아무리 출중한 능력과 충성심도 훌륭한 인간성이 뒷받침되지 않으면 반 토막 성공에 그치는 것이 보통이다. 다시 말해서 사람들의 지지와 도움이 없이는 성공할 수 없으며 그것은 종국적으로 그의 인간성에 대한 평가에 귀결한다. 결국 좋은 인간성은 성공의 문을 여는 마스터키와 같다.

그럼 좋은 인간성은 구체적으로 어떤 것일까? 그것은 따뜻한 눈으로 세상을 바라보며 내가 잘 되고자 하는 것을 남도 잘되도록 돕는 선한 영향력을 품은 마음을 말한다. 공자가 주창한 인(仁)이 바로 그런 정신이 아니겠는가.

어진 사람은
夫仁者
자신이 서기를 바라며 다른 사람도 서게 하고
己欲立而立人
자기가 통달하기를 바라며 다른 사람도 통달하게 한다.
己欲達而達人

- 《논어》〈옹야편〉

어떻게 하면 좋은 인간성을 가질 수 있을까? 한 인간의 품성은 타고난 영향도 크지만 후천적 노력으로 얼마든지 고양시킬 수 있다고 믿는다. 예술을 사랑하며 직업적 완성을 향하여 꾸준히 연마하는 삶 속에서 언젠가 생각이 맑아지고 누구에게도 따뜻한 눈길을 보내는 마음이 생길 것이다. 그때가 바로 당신의 인간성이 성숙되어가는 날이라고 여겨도 좋을 듯하다.

학문과 예술을 두루 익히고 있다고 직접 말하지 않아도
그것은 우리 몸을 춤추게 하며
생각지도 못한 때 저절로 드러난다.

— 타키투스

인간성과 권력의지는 어떻게 함께할 수 있을까? 인간성은 하늘이 내린 품성이며 권력의지는 인간 의지의 지향이다. 그러므로 좋은 인간성은 권력의지의 향도가 되어야 한다. 권력을 경영하려면 먼저 인간성을 수양하여 그것으로 권력의 지향점을 밝혀야 한다. 그것은 당신이 권력과 보다 오래할 수 있는 비결이다.

11
만족에는 끝이 없다

이야기 1-11-12

제齊나라 환공이 재상 관중[8]에게 물었다.

"부富에도 끝이 있는가?"

관중이 대답하였다.

"물의 끝은 물이 없는 곳입니다. 부의 끝은 부에 만족하는 곳입니다. 그런데 사람은 스스로 만족함에 머물 수 없는 것이니, 따라

---

8 환공桓公과 관중管仲: 춘추시대에 제나라를 춘추오패 중 으뜸으로 만든 군주가 환공이고, 그를 보좌한 명재상이 관중이다. 환공과 관중 두 사람이 군신관계를 맺고 한 시대를 풍미한 이야기는 교훈과 재미를 겸비하여 오래도록 인구人口에 회자膾炙되어 왔다. 이 책도 여러 곳에 두 사람의 이야기를 싣고 있다. (이 책 〈이야기 2-10-44〉, 〈이야기 2-19-53〉, 〈이야기 3-17-76〉 등 참조.)

서 부에는 끝이 없는 법입니다."

– 《한비자》〈제23편 설림 하〉

생각하기

물질 만능시대를 사는 현대인에게 자족自足하는 삶은 그저 구두선口頭禪일지 모른다. 그러나 언제 어디서나 그러하듯 '욕망은 무한하나 재화는 유한한' 삶 속에서 자족은 행복의 다른 이름이 아니겠는가? 주어진 분수를 알아차리고 그것에 만족하지 않으면 언제까지 불평불만으로 인생을 허비할지 모른다. 사람들은 곧잘 말한다. 행복은 바깥에서 얻기보다 마음에 달린 것이므로 마음을 잘 다스려야 만족한 삶을 살 수 있다고. 그러나 마음을 다스리는 것이 그렇게 쉬운 일인가? 공자 같은 성인도 그 어려움을 이렇게 고백하고 있다.

잡으면 잡힌 듯하지만
操則存
놓으면 바로 잃게 되고
捨則亡
나가고 들어감에 때가 없고

出入無時

어디로 갈지 그 방향을 알 수 없는 것은

莫知其鄕

오직 사람의 마음을 이름이라

惟心之謂與

- 《맹자》〈고자장구상〉

우리 같은 범인凡人은 오로지 정진하는 길밖에 다른 방법은 없어 보인다. 일에 대한 태도도 그렇다. 적당한 수준에서 만족할 줄 알아야 한다. 정해진 목표를 달성하면 일단 멈출 줄 알아야 한다. 조금이라도 승리에 도취하면 자만감으로 목표했던 지점을 훌쩍 넘기 일쑤다. 그러나 그곳을 넘어서면 아마 지금까지 물리쳤던 것보다 훨씬 많은 적들이 나타날지 모른다. 승리의 순간이 가장 위험한 순간이 되는 것이다.

무엇이든지 양보하기 가장 좋은 때는 승리를 거둔 때이다. 지금 거둔 성취에 만족하며 선심을 베푼다면 비록 작은 것이라도 사람들은 감동할 것이다. 그러나 어쩔 수 없는 양보는 아무리 커도 그들을 만족시킬 수 없다. 그러나 지금 당신의 관심은 다른 데 있는 것 같다. '진정 나는 승리할 수 있을까? 있으면 언제쯤일까?'라고 묻고 싶을 것이다. 누구도 대답할 수 없는 것을 알지만 그렇다고 포기할 수 없다. 그 해답을 찾기 위해 함께 이 책을 더 읽어 나아가자.

많은 것을 바라는 자는 많은 것이 부족하다.
신이 조심스러운 손으로 내려준 것에
만족할 줄 아는 자야말로 진정 풍족하다고 할 수 있다.

— 호라티우스

12
물고기가
물 밖으로 나오면

이야기 1-12-13

제나라 때 정곽군이 자신의 영지인 설薛 땅에 성을 쌓으려 하자 많은 빈객들이 그것을 말렸다. 그러나 성을 쌓기로 결심한 정곽군은 알자에게 명하였다.

"더이상 빈객을 들이지 말라."

그런데 그를 꼭 만나기를 청하는 자가 알자에게 말했다.

"제가 드릴 말씀은 단 세 마디뿐입니다. 만약 세 마디가 넘으면 저를 삶아 죽이십시오."

알자가 그를 들여보내자 그 빈객은 종종걸음으로 정곽군에 다가와 말했다.

"바다의 큰 물고기!海大魚"

그러고서 되돌아 나가려 하였다. 궁금한 정곽군이 말했다.

"그것에 대해 자세히 듣고 싶소."

빈객이 말했다. "저는 단 세 마디라고 했습니다. 감히 저의 목을 가지고서 장난칠 수 없습니다."

"괜찮으니 자세히 말해보시오."

빈객이 말했다.

"주군께서는 대어에 대해 들어보셨습니까? 그물을 가지고도 잡을 수 없고, 주살을 써도 잡을 수 없을 정도로 크지만 그것이 일단 물 밖으로 나오면 땅강아지나 개미들도 그것을 두려워하지 않습니다. 지금 제나라는 주군에게 바다와 같습니다. 주군이 제나라 조정에서 유력한 인물로 오래할 수 있다면 어찌 설 땅뿐이겠습니까? 그러나 조정에서 힘을 잃으면 설 땅의 성곽이 하늘을 찌른다 한들 아무 소용이 없을 것입니다."

"맞는 말이다!"

정곽군은 곧 공사를 멈추게 하고 설 땅에 다시 성을 쌓지 않았다.

– 《한비자》〈제23편 설림 하〉

생각하기

사람은 조직 속에서 태어나 성장하고 죽는다. 우리는 국가와 사회 그리고 회사와 가정 같은 크고 작은 조직체 속에서 저마다 주어진 역할을 수행하며 그것은 곧 우리의 존재 이유이기도 하다. 이렇듯 사람과 조직은 물과 물고기의 관계처럼 도저히 뗄 수 없는 불가분의 관계이다. 조직에서 아무리 힘이 센 사람도 일단 그곳을 벗어나면 물을 떠난 물고기와 다를 바 없다. 백수의 제왕 호랑이도 산속을 떠나면 우리에 갇혀 한갓 먹이를 위해 꼬리를 흔드는 것과 같다.

회사가 큰 울타리이면 당신이 몸담은 부서는 작은 울타리가 된다. 작은 울타리가 아무리 단단하고 높을지라도 큰 울타리가 무너지면 다음 차례는 정해져 있다. 막무가내로 자기 부서 이익을 고집하는 것은 작은 울타리로 큰 울타리를 치우는 것과 같아 주위의 거센 비난을 피할 수 없을 것이다. 현명한 조직인은 큰 울타리 속에서 작은 울타리를 굳건히 세울 수 있는 지혜를 찾는다.

 지금 회사 내 당신의 위치는 중간 관리자급이라 치자. 윗사람의 신임은 물론 부하들의 신망도 함께 받고 싶은 것이 솔직한 바람이다. 그러나 많은 경우 그것은 희망 사항일 뿐 어느 한쪽 편을 들 수밖에 없다. 누구의 손을 들어야 할까?
 이때 가장 쉬운 선택은 큰 울타리 주인의 뜻에 영합하는 것이다. 그러나 그럴듯한 명분과 실리가 없으면 작은 울타리 속 사람들의 반발은 불 보듯 뻔하다. 반대로 부하들의 뜻을 따른다 치자. 잠시 영웅 칭호를 받을지 몰라도 윗사람의 눈 밖에 날 위험을 감수해야 한다. 결국 모두를 만족시킬 수 없으면 '가장 적은 수의 사람에게 가장 적은 피해'를 주는 선택밖에 없는 것 같다. 최선은 아니지만 누구도 완승이나 완패를 피할 수 있는 점에서 차선의 가치는 분명한 것 같다.

13
세 사람 입이면
없던 호랑이도 생긴다

이야기 1-13-14

　위魏나라 대부 방공이 태자를 따라 조나라 한단邯鄲에 인질로 가면서 왕에게 말했다.
　"오늘 어떤 사람이 저잣거리에 호랑이가 나타났다고 하면 믿으시겠습니까?"
　"믿지 않소."
　"다른 사람이 또 저잣거리에 호랑이가 나타났다고 하면 믿으시겠습니까?"
　"믿지 않소."
　"세 번째 사람이 다시 그렇게 말하면 믿으시겠습니까?"
　"믿을 것 같으오."

방공이 말했다.

"저잣거리에 호랑이가 나타나지 않은 것은 분명한 일이지만 세 사람이 그렇게 말하면 없던 호랑이도 생기는 법입니다. 이제 한단과 우리 조정은 그 거리가 저잣거리보다 훨씬 더 멀 뿐 아니라 입방아 찧는 신하들도 세 사람이 넘을 것이니 군주께서는 부디 잘 살피시기 바랍니다."

얼마 후 방공은 한단에서 돌아왔으나 끝내 왕을 만날 수 없었다.

– 《한비자》〈제30편 내저설 상〉

생각하기

선거운동 등을 벌이면서 경쟁 후보를 낙마시킬 목적으로 사실을 왜곡하거나 부풀리는 것을 흑색선전 또는 마타도어라 한다. 마타도어는 투우경기에서 정수리를 정확히 찔러 황소에 마지막 일격을 가하는 투우사를 가리키는 스페인어 Matador에서 왔다고 한다. 마타도어는 그만큼 치명적이란 뜻이다.

마타도어 같은 공공연한 흑색선전이면 모르지만 사내에 떠도는 조그만 험담 정도는 그냥 지나치기 쉽다. 그러나 사람은 누구나 타인의 명성을 시기하는 입술과 장점보다 단점에 솔깃한 귀를 가지

고 있다. 그런 까닭에 나쁜 소문은 생각보다 훨씬 빨리 퍼진다. 그것이 비밀스럽고 은밀할수록 귀를 더 자극한다. 오죽하면 옛말에 '입방아는 쇠를 녹이고衆口鑠金중구삭금, 비방이 쌓이면 뼈를 삭힌다積毁鎖骨적훼쇄골'라고 하였을까. 부富의 축적과정을 설명하는 이론으로 머니 스노우볼링money-snowballing을 알 것이다. 최초의 종잣돈을 만들기가 어려울 뿐 일단 그것만 넘으면 돈은 눈덩이처럼 스스로 커진다는 이론이다. 나는 그것이 돈보다 소문에 더 적확的確한 설명이라고 생각한다.

더욱이 한 번 깎인 명성은 여간해선 회복하기 어려운 것이 문제이다. 뒤늦게 헛소문으로 드러나더라도 원상회복은 불가능하다. 결국 나쁜 소문은 사전예방이 중요할 뿐 사후약방문死後藥方文은 효험이 없다. 헛소문의 희생이 되지 않으려면 평소 주변의 움직임을 눈여겨보는 습관을 가져야 한다. 다소 짜증나고 피곤한 작업인 줄 알지만 경쟁이 일상이 된 오늘날의 직장인은 어쩔 수 없다. 누가 어떻게 생각하든 오직 맡은 일만 잘하면 된다고 생각하면 큰 오산이다. 즉시 오만하고 무례하다는 악평을 받게 될 것이다. 맡은 일을 잘하는 것은 당연하며 그 이상의 것을 기대하기 때문이다. 당신이 다른 사람에 관심을 두지 않으면 그들 역시 당신을 마음대로 평가할 것이다. 평판은 남이 하는 것이지만 관리는 당신의 몫이다. 운명의 주인은 당신인 것처럼.

14
법은 누구에게도
공평해야

이야기 1-14-15

　초楚나라 왕이 급히 태자를 궁으로 불렀다. 초나라 국법에 따르면 누구든 왕이 있는 궁 안으로 수레를 끌고 갈 수 없었다. 그런데 비가 와서 궁정 바닥에 빗물이 고이자 태자가 수레를 몰아 궁 안으로 들고자 하였다. 왕궁을 지키는 정리가 말했다.
　"수레는 왕궁까지 들어올 수 없습니다. 이것은 태자께서 법을 어기는 것입니다."
　태자가 말했다.
　"왕께서 급히 부르시는데 나는 궁정 바닥의 물이 마를 때까지 기다릴 수 없다."
　이윽고 태자가 말을 몰아 들어가려 하자 정리가 긴 창을 들어 그의 말을 찌르고 수레를 부수고 말았다.

궁에 들어간 태자가 울면서 왕에게 말했다.

"궁정 바닥에 물이 많아서 수레를 타고서 궁으로 들려 하는데 정리가 '법을 어겼다'고 하면서 긴 창을 들어 말을 찌르고 수레를 부숴버렸습니다. 아버지께서 반드시 그를 죽여주십시오."

왕이 말했다.

"앞에 늙은 군주가 있으나 건너뛰지 않고 뒤에 젊은 태자가 있으나 빌붙지 않았으니 참으로 당당하구나! 그야말로 법을 지키는 진정한 신하구나."

마침내 왕은 그 정리의 작위를 두 등급 올려주고 뒷문을 열어 태자를 보내면서 말했다.

"다시 그런 잘못을 저지르지 말라."

- 《한비자》〈제34편 외저설 우상〉

생각하기

법은 왜 필요할까? 이야기에 등장하는 정리는 법이 있었기 때문에 신분이 높은 왕자의 수레를 감히 부술 수 있었다. 법은 바로 무소불위無所不爲(행하지 못할 바가 없음)의 권력을 유소불위有所不爲(행하면 안될 바가 있음)의 상태로 바꾸어 놓는 것이다. 다시 말하면 법은 권력으로부터 우리의 자유를 지키는 것이다. 《법의 정신》을 쓴 몽테스키외Montesquieu 1689-1755의 표현을 빌리면 '자유는 원하는 모든 것을 행할 수 있는 권리가 아니고 법이 허용하는 모든 것을 행할 수 있는 권리'가 그것이다.

몇 해 전 박근혜 전 대통령이 탄핵되어 법정에 서게 되었을 때 도하 신문 및 방송 매체들이 다투어 인용한 사자성어가 있다. '법불아귀'法不阿貴가 그것이다. 해석하면 '법은 신분이 귀한 사람에게 아부하지 않는다'는 것으로 법은 공평해야 한다는 뜻이다. 마찬가지로 회사가 정한 규정은 누구에나 공평하며 규정에 순응한 자는 상을 받고 불응한 자는 벌을 받는다. 그것이 바로 정의이며 공정이다. 그러나 정의나 공평을 너무 믿지 말라. 그것은 때때로 기득권을 지키기 위해 만들어 놓은 당위當爲에 불과할 때가 많다. 당위는 그렇게 되어야 한다는 것일 뿐 반드시 그렇게 된다고 보장하는 것은 아니다.

살다 보면 법과 정의에 대한 믿음으로 열심히 일한 당신보다 반칙을 일삼는 파렴치한破廉恥漢이 최후의 승리를 거두는 것을 볼 수 있다. 어떤 이유이든 파렴치한 그들의 생각과 의지가 세력을 얻은 것은 사실이다. 노력에 합당한 보상을 받지 못한 당신이 서운하고

분한 것은 당연하다. 이때 취할 수 있는 선택은 둘 중 하나이다. 어떻든 세력을 등에 업은 그들과 영합하든지 아니면 당신 신념대로 밀고 나아가는 것이다. 어느 것이 더 현명한 선택인지 단정할 수 없다. 운명은 모든 예측을 허락할 정도로 관대한 것이 아님을 알지 않은가? 그저 자신을 믿고 때를 기다릴 뿐이다.

청렴과 강직은 돈에 밀리고,
정의는 돈에 팔리며,
법은 돈을 따르니
정절도 무법이 되지 않겠는가!

— 프로페르티우스

15
매사에
최선은 없다

이야기 1-15-16

　제齊·한韓·위魏 삼국의 군대가 진秦나라를 치기 위해 진나라 관문이 있는 함곡관[9]에 이르자 왕이 왕자 사에게 말했다.
　"세 나라의 군대가 우리나라에 꽤 깊숙이 들어온 것 같다. 과인은 하동 땅을 할양하여 그들과 강화하고자 한데 너의 생각은 어떻

9　함곡관函谷關: 함곡관은 허난성 뤄양洛陽과 산시성 시안西安 사이의 중간 지점에 위치한 협곡으로, 춘추전국시대에 중국 중원과 관중 지방을 연결하는 유일한 통로이자 진나라로 들어가는 관문이었다. 그 길이 매우 험하고 좁아서 '장정 한 명이 막아서면 만 명의 장정도 열 수 없다'고 할 정도였으니, 진효공이 함곡관을 장악하면서 '천하제일험관天下第一險關'이라 칭하였다고 한다. 고대 중국 역사에 자주 등장하는 지명이다.

냐?"

왕자 사가 대답하였다.

"왕께서는 강화를 해도 후회할 것이며 하지 않아도 후회할 것입니다. 만약 하동을 할양하는 조건으로 강화하여 삼국이 철군하더라도 왕께서는 반드시 '그들은 원래 돌아갈 것이었는데 내가 괜히 하동 성읍 세 개를 주었구나!'라고 후회할 것입니다. 만약 강화하지 않아 삼국이 쳐들어와 도성을 함락하면 '세 성읍을 바치지 않아서 이렇게 되었구나!'라고 하실 것입니다. 그래서 강화를 해도 후회하고 안 해도 후회한다고 말씀드린 것입니다."

왕이 말했다.

"이왕 후회할 것이면 차라리 셋 성읍을 잃은 것이 낫지 온 나라를 위험에 빠뜨려서는 안 될 것이다. 나는 강화하기로 결심하였다."

- 《한비자》〈제30편 내저설 상〉

생각하기

최선과 차선은 올림픽 경기에서 금메달과 은메달만큼 그 가치 차이가 현격하다. 사람들은 최선을 말하고서 차선도 못한 사람은 칭찬하지만 처음부터 차선을 말하고 그것을 달성한 사람에는 박수를 보내지 않는다. 단순히 최선을 다하지 않았다는 이유에서이다. 그러나 결과만 헤아리면 차선의 성과가 달성하지 못한 최선의 그것보다 더 큰 것은 사실이다. 회사의 운명을 가르거나 개인의 일생을 좌우할 정도로 중요한 일을 결정할 때 최선을 고집할 수 있을까? 최선은 차선보다 그 이익이 크지만 상응하는 위험을 수반한다. 그러므로 중요한 결정일수록 대부분 최선보다 차선을 택하는 것이 우리의 경험이다. 차선의 가치는 바로 그런 것이다.

> 좋은 신발을 신어도 관절염에 걸릴 수 있고,
> 호화로운 반지를 껴도 염증은 생기고,
> 머리에 면류관을 써도 두통은 지속된다.
>
> – 그리스 속담

재능이나 능력을 과시하는 것도 차선의 지혜가 필요하다. 우월한 능력일수록 사람들의 질투심을 유발하는 것이 통례이다. 따라서 완벽한 재능일수록 일부러 허점을 조금 보이는 것은 영리하고 필요한 처신이다. 세가 불리한 경쟁자가 어쩌다 항복할 의사를 보냈다 치자. 마음 같으면 아예 끝장을 보고 싶겠지만 적당한 선에서 멈출 줄 알아야 한다. 나쁜 일이나 좋은 일이나 극단은 대개 불의가 될 수 있다. 나쁜 일은 복수를 정당화하며 좋은 일은 고마움을 잊게 만들 것이다.

16
시작은 처녀처럼,
마무리는 토끼처럼

이야기 1-16-17

진晉나라에서 여섯 명의 경卿의 지위는 매우 높았다. 서동과 장어교가 왕에게 간언하였다.

"대신들이 너무 높아지면 군주에게 적이 되고 서로 다투게 됩니다. 또한 외세와 결탁해 당파를 만들어 아래로는 국법을 어지럽히고 위로는 군주를 겁박하여 나라를 위험에 빠뜨릴 것입니다."

이 말을 들은 왕은 그럴듯한 구실을 만들어 여섯 경 중 세 명을 처형하였다. 서동과 장어교가 다시 말하였다.

"무릇 같은 죄를 지었는데 누구는 죽이고 누구는 남겨두면 남은 자들은 왕께 원한을 품고 복수할 기회를 노릴 것입니다."

왕이 말했다.

"하루아침에 삼 경을 모두 죽였는데 더는 못하겠소."

장어교가 말했다.

"군주께서 그들을 차마 하는 마음에 죽이지 못하면 그들이 군주를 해칠 것입니다."

그러나 왕은 그의 말을 듣지 않았다. 석 달이 지나자 나머지 세 명의 경이 난을 일으켜서 왕을 살해하고 그 땅을 나누어 가졌다.

- 《한비자》〈제31편 내저설 하〉

생각하기

손무孫武[10]는 《손자병법》〈구지편〉 마지막에 이런 말을 남겼다.

시작은 처녀처럼 유순하니 (적군은 안심하고 문을 열어 둔다.)
始如處女
마무리는 달아나는 토끼처럼 빠르니 (적이 미처 막아내지 못한다.)

---

10 손무孫武: 중국 춘추시대의 병법가. 제나라 산동성에서 태어나 오나라의 장군으로 활동하였으며 《손자병법》을 저술하여 병법의 대가로 이름을 날렸다. 《손자병법》은 단순한 병법서를 넘어 오늘날까지 인사와 국가경영의 요체를 담은 경영 전략서로 활용되고 있다.

後如脫兎

공격의 시작은 은밀히 그리고 조용히 진행하지만 그 끝은 마치 전광석화처럼 신속히 마무리한다는 의미이다. 제2차 세계대전 중 독일이 감행한 전격작전Blitz Krieg은 대표적 사례이다. 역사를 더 거슬러 올라가면 초한전楚漢戰의 영웅 항우와 유방이 있다. 손무의 가르침에 충실했던 자와 그렇지 않은 자의 운명이 어떤 결말을 가져왔는지 역사의 장막으로 함께 들어가 보자.

홍문지연鴻門之宴

장량의 진언에 따라 유방은 항우를 달래어 위기를 모면할 생각으로 겨우 100여 명의 기병을 이끌고 홍문으로 향한다. 항우의 군막에는 술상이 차려져 있었다. 유방이 항우에게 예를 갖춘 후 말한다.

"신臣과 장군은 함께 온 힘을 다하여 진나라를 공격하였습니다. 장군께서는 하북에서 싸우고 신은 하남에서 싸웠습니다. 그러나 신이 본의 아니게 먼저 관중에 들어와 지금까지 장군을 기다리고 있었습니다. 그런데 지금 소인배들의 농간으로 장군과 신 사이에 틈이 생긴 것 같습니다."

스스로 신하라고 칭하여 항우의 비위를 맞추면서 항우와 사이가 좋지 않은 것을 간신배의 탓으로 돌리는 유방의 지혜가 돋보인다. 단

지 위기를 모면하려는 유방의 속셈을 훤히 꿰뚫고 있던 책사 범증范
增은 항우에게 여러 번 눈짓을 보내고, 차고 있던 옥결을 두드려서 유
방을 죽일 것을 세 번이나 독촉하였으나 항우는 묵묵히 앉아 있을 뿐
이다. 항우는 유방을 죽이는 것보다 항복을 받아 자신의 신하로 삼는
것이 더 명예롭다고 생각한 듯하다. 평소에는 위험할 만큼 과감한 항
우가 이때만큼은 우유부단한 태도를 보인다. 결국 유방은 소변을 핑
계 삼아 막사를 빠져나와 그대로 자기 군영으로 도망한다. 범증이 내
뱉듯 말한다.

"에잇! 철부지 어린애와는 일을 할 수 없구나당시 항우는 20대, 범증은
70대였다. 항왕의 천하를 빼앗을 자는 틀림없이 패공유방의 고향이 패현
이라 그렇게 불림이리라. 우리는 이제 그의 포로가 될 것이다."

몇 해가 지나자 전세는 거꾸로 유방에게 유리하고 항우에게 불리
한 처지가 되었다. 두 사람은 서로 홍구를 경계로 항우는 동쪽을, 유
방은 서쪽을 나누어 갖기로 약속한다. 유방이 서쪽으로 군대를 철수
하려 하자 유방의 참모인 장량과 진평이 말한다.

"우리는 천하의 태반을 차지하였고 제후들도 우리를 따르고 있으
나 항우는 군사들이 지쳐 있을 뿐만 아니라 군량미마저 바닥이 났습
니다. 지금 항우를 치지 않으면 호랑이를 길러 후환을 남기는 꼴이
됩니다."

여기서 마음을 굳힌 유방은 말머리를 돌려 항우를 추격하여 마침내 해하垓下의 전투를 끝으로 천하를 통일하는 대업을 이룬다.

– 《사기》〈항우 본기〉에서 발췌

홍문에서 항우는 경쟁자인 유방에게 동정심을 가진 듯하다. 반면에 유방은 기회가 왔을 때 전혀 주저함이 없었다. 반드시 극복해야 할 대상에 동정심을 보이는 것은 두려움과 증오심만 더할 뿐 아무런 소용도 없다. 항우와 유방처럼 한때 동지였지만 적이 된 경우는 더욱 그렇다. 애당초 화해는 불가능하며 오직 하나의 권력 법칙이 적용될 뿐이다. 승자는 하나이며 그것마저 반드시 완전한 승리여야 한다.

17
이익과 손해는
서로 마주한다

이야기 1-17-18

 진晉나라 문공文公[11] 때의 일이다. 궁중 요리사가 고기를 구워 왕에게 바쳤는데 고기에 머리카락이 감겨 있었다. 왕이 요리사를 불러서 꾸짖었다.
 "너는 내가 목이 막혀 죽기를 바라느냐? 어찌 머리카락이 고기에

---

11 진문공晉文公(재위 B.C. 636-B.C. 628): 진헌공의 서자로 이름은 중이重耳. 부친의 애첩 여희의 흉계에 말려서 19년 동안 외국을 떠돌아다니다가 60살을 넘긴 만년에 진목공의 도움으로 왕이 되었다. 혹독한 망명생활을 하면서 체득한 경륜과 처세의 경험을 바탕으로 내치를 안정시키고 초나라를 성복의 전투(B.C. 632년)에서 패퇴시키는 등 업적을 쌓아 제환공에 이어 춘추시대에 두 번째 패자로 등극하였다. (이 책 〈이야기 1-22-24〉, 제3부 14항 '진문공의 풍찬노숙', 〈이야기 3-22-81〉 등 참조.)

감겨 있는가?"

요리사가 머리 숙여 두 번 절한 후 대답하였다.

"저는 세 가지 죽을죄를 지었습니다. 숫돌에 칼을 갈아 간장검干將劍처럼 날을 세워 고기만 잘랐을 뿐 머리카락을 자르지 않은 것이 첫 번째 죄입니다. 꼬치에 고기를 꿰면서도 머리카락을 보지 못한 것이 두 번째입니다. 꼬치를 들고서 화로에 고기를 익히면서도 머리카락을 태우지 못한 것이 세 번째 죄입니다. 제가 세 가지를 모두 잘했더라도 누군가 저를 질투하여 몰래 그런 짓을 한 사람은 없겠습니까?"

'그럴 수 있겠구나'라고 생각한 문공이 궁중 요리사의 수하에 있는 자를 불러 문초하니 과연 그러했다. 왕은 그 수하를 베어 죽였다.

- 《한비자》〈제31편 내저설 하〉

이야기 1-17-19

위나라 사람 중 남편과 아내가 함께 기도하였다. 아내가 축원하였다.

"무사하게 해주시고 백 필의 옷감만 갖도록 해주소서."

남편이 물었다.

"백 필이라. 왜 그렇게 적게 말하는 것이오?"

아내가 대답했다.

"그것보다 더 많으면 당신이 첩을 얻을 것 같아 그렇소."

- 《한비자》〈제31편 내저설 하〉

생각하기

직장 내 권력 게임에 대해 더 이야기해보자. 이 게임의 본질은 제로섬zero-sum이다. 한 편의 이익은 다른 편에는 바로 손해를 의미한다. 그런 속성을 제대로 이해하면 언뜻 의도가 헷갈리는 경쟁자의 어떤 행위도 그 속내를 간파하는 것은 어렵지 않다. 행위로 생기는 이익은 누구 것이며 손해는 어디로 가는지 살피면 된다. 그것만 제대로 파악하면 십중팔구 숨은 의도는 바로 모습을 드러낼 것이다.

권력 게임은 선과 악을 구별하는 눈이 없다. 오직 승리를 위한 룰만 남을 뿐이다. 따라서 상대의 힘과 예상되는 전략에 냉정히 대응할 뿐 행여 도덕이나 양심에 기대는 것은 순진한 발상이 아닐 수 없다. 순수한 감성은 언제나 함정에 빠질 위험이 큰 것으로 오직 냉정한 이성의 룰을 좇을 뿐이다.

늑대가 벼랑 위에서 풀을 뜯고 있는 염소를 발견했다. 늑대는 염소에게 벼랑에서 떨어지지 않도록 내려와서 풀을 뜯으라고 하였다. 그리고 벼랑 아래쪽에 있는 풀이 더 싱싱하고 맛있다고 덧붙였다. 염소가 대답하였다.

"내게 진짜 맛있는 풀을 먹게 하려고 부르는 것인가요? 당신이 더 배가 고파 보이는걸요."

모든 것을 꿰뚫어 보는 사람 앞에서는 어떤 계략도 소용이 없다.

― 《이솝우화》〈늑대와 염소〉

그러나 아무리 경쟁이 치열해도 결코 넘어서면 안 될 금도禁度가 있다. 경쟁이 과열하여 공멸을 자초하는 것이 그것이다. 어느 조직이나 인사철이 되면 으레껏 많은 투서가 횡행하는 것을 볼 수 있다. 그러다가 터무니없는 투서 한 장 때문에 인사 자체가 보류되거나 취소되어 모두 피해를 보는 것이 그렇고, 과격한 노동쟁의에 공장폐쇄로 맞대응하여 결국 사업주와 근로자 모두가 피해를 보는 것이 그렇다. 도대체 밥그릇 싸움을 벌이다가 밥 짓기 마저 망치는 것이 아니면 무엇이란 말인가?

꿀벌은 자신의 꿀을 사람에게 주는 것이 아까웠다. 그래서 제우스를 찾아가 벌집에 접근하는 사람을 찌를 수 있는 힘을 달라고 요청했다. 제우스는 꿀벌의 못된 마음에 화가 나서 벌이 사람을 찌르면 침이 빠져나와 벌도 죽게 만들었다.

- 《이솝우화》〈꿀벌과 제우스〉

18
본말本末을 구별하는
눈을 가지라

이야기 1-18-20

    옛날에 진秦나라 왕이 자기 나라 공주를 진晉나라 왕자에게 시집보낼 때의 일이다. 시댁 나라에서 공주를 잘 꾸며줄 것이라고 생각한 왕은 공주에게는 아무런 치장도 하지 않았으나 공주를 따르는 몸종 70명에게는 예쁜 옷을 입혀 함께 보냈다. 마침내 공주 일행이 시댁 나라에 이르자 그 나라 사람들은 예쁜 옷을 입고 따라간 몸종만 예쁘다 하면서 정작 시집온 공주는 거들떠보지도 않았다. 이것은 몸종들은 잘 보냈다고 할 수 있을지 모르지만 시집간 공주를 잘 보냈다고 할 수는 없을 것이다.

– 《한비자》〈제32편 외저설 좌상〉

생각하기

'수염이 철학자를 만들지 않는다'는 그리스 속담이 있다. 고대 그리스 사람들은 수염을 현자의 상징물로 보았던 모양이다. 그러나 수염을 길렀다고 모두 현자일 수 없다. 철학자의 본질은 현명함에 있을 뿐으로 그것은 지엽枝葉에 빠져 본질을 보지 못한 탓이다.

직장생활은 의사결정의 연속이다. 실무자이든 경영층이든 의사결정을 하는데 놓치면 안 되는 것은 사안의 본질과 말단을 명확히 구분하는 것이다. 무엇이 핵심이며 또 부차적인 것인지를 명확히 인식하면 의사결정은 의외로 수월하다. 그러나 현실에서 본말이 뒤바뀐 의사결정을 보는 것은 그리 어렵지 않다. 더욱이 잘못된 결과는 결정을 내린 사람보다 그들 밖에 있던 사람에게 더 큰 피해를 주는 것은 아이러니가 아닐 수 없다.

부지런하기로 소문난 미망인이 매일 새벽닭이 울면 하녀들을 깨워서 일을 시켰다. 쉴 새 없이 일해야 하는 하녀들은 이 집의 수탉을 죽이기로 결심했다. 매일 새벽 일찍 주인을 깨우는 수탉이야말로 자신들에게 불행을 가져오는 원인이라고 여겼던 것이다. 하지만 수탉을 죽이고 나니 오히려 전보다 더 힘들어졌다. 일어날 시간을 분간할 수 없게 된 미망인이 전보다 더 이른 시간에 하녀들을 깨웠던 것이다. 자신이 결정한 일이 불행을 자초하는 경우가 종종 있다.

— 《이솝우화》 〈하녀와 수탉〉

성과를 평가하는 것도 그렇다. 겉으로 드러난 크기보다 숨겨진 내실을 더 높이 평가하여야 한다. 대개 완전함은 양보다 질로 결정되는 경우가 많다. 그러나 질적 성과만으로 일을 완성할 수 없는 것도 사실이다. 질적으로 아무리 훌륭한 성과도 지속 가능하지 않으면 조직은 성장할 수 없다. 오히려 양을 모태로 할 때 질은 지속 가능할 수 있다. 제2차 세계대전 중 독일과 소련은 러시아 대평원에서 치열한 전차전을 벌였다. 독일군의 타이거 전차는 성능 면에서 소련의 T-34 전차를 훨씬 능가하였지만 수적 열세로 전쟁에 패했다. 결국 일의 완성은 질과 양이 상호 보완적으로 작용해야 가능함을 알 수 있다.

19
역정보의 효과

이야기 1-19-21

전국시대 진나라와 조나라가 장평에서 서로 대치하였을 때다. 조나라에서 대장군 마복군의 칭호를 받은 조사趙奢는 이미 죽었고, 재상 인상여藺相如도 병이 깊었다. 조나라는 염파 장군에게 진나라를 공격하도록 하였지만 조나라 군대가 이미 수차례 패한 터라 그는 아예 성 밖에 나오질 않았다. 진군이 여러 차례 도발하였지만 염파는 아예 응수도 하지 않았다. 궁리 끝에 진나라 재상 범수는 첩자를 보내 헛소문을 퍼뜨렸다.

"진나라는 염파 장군은 늙어서 싸움을 두려워하기 때문에 무서워하지 않는다. 다만 마복군 조사의 아들 조괄趙括이 조나라의 대장군이 될까 두려울 뿐이다."

염파를 시기하는 중신들의 참소와 진나라가 퍼뜨린 유언비어에 빠진 조나라 조정은 염파 대신 조괄을 대장군으로 임명하려 했다. 그러자 인상여가 극력 반대하며 말하였다.

　"임금께서 다만 이름만 믿고 조괄을 대장으로 임명하려는 것은 마치 '거문고의 기러기 발을 아교로 붙여 두고서 거문고 줄을 타는 것'膠柱鼓瑟교주고슬과 같습니다. 조괄은 한갓 그의 아버지가 준 병법서를 열심히 읽었을 뿐 때에 맞추어 변통할 줄 모르는 장수입니다."

　그러나 조나라 왕은 인상여의 말을 듣지 않고 조괄을 기어코 대장군에 임명하였다. 비록 병법서는 많이 읽었지만 실전 경험이 전혀 없던 조괄은 병법만으로 작전을 감행한 끝에 수십만 대군을 몽땅 죽이는 중국 역사상 최대 최악의 참패를 가져왔다.

- 《사기》 〈염파인상여 열전〉

생각하기

　우리는 지금 정보의 홍수 시대를 살고 있다. 쉴 틈 없이 쏟아지는 온갖 정보 속에서 진짜만 골라 쓸 수 있다면 그것은 대단한 기술이며 행운이다. 대체로 진실이 왜곡 없이 순순히 다다르는 경우는 드물다. 오는 길이 멀면 더욱 그렇다. 더구나 틈만 나면 잘못된 정보

를 흘려 헛발질을 유도하는 경쟁자를 생각하면 아무리 하찮은 정보라도 소홀히 할 수 없다. 제때 제대로 된 정보를 구득求得하는 수고는 아무리 강조해도 지나치지 않다.

 일부러 거짓 정보를 흘려 상대를 혼란에 빠뜨리는 것은 옛날이나 지금이나 즐겨 사용되는 술책이다. 실제로 그것에 속아 일을 그르친 경우도 적지 않을 것이다. 그럼 왜 거짓 정보에 자주 속을까? 그것은 대개 듣고 싶거나 믿고 싶은 것을 담고 있기 때문이다. 벼락출세나 일확천금을 꿈꾸는 사람들이 사기꾼의 좋은 먹잇감이 되는 이유이다. 누구나 욕심이 앞서면 참과 거짓을 구별하기 어렵다. 마음을 비우고 한 발치만 물러나도 거짓 정보의 정체는 바로 드러나겠지만 그것이 말처럼 쉬운 것은 아니다.

이른바 '카더라' 통신에 주의해야 한다. 처음은 아무도 믿지 않을 허황한 이야기도 반복을 거듭하면 사실로 굳는다. '세 사람 입이 모이면 없던 호랑이도 생긴다'(三人成虎 〈이야기 1-13-14〉)는 말은 단순한 옛말이 아니다. 그렇다고 온갖 떠도는 소문에 일일이 대응하는 것도 대범치 못한 행동 같아 썩 내키지 않는다. 그러나 정작 헛소문의 당사자가 되면 이야기는 다르다. 시간이 흐를수록 루머에 무게가 더해지고 통제할 수 없는 지경에 이르면 손을 쓰기는 이미 늦다. 차라리 그것을 처음 포착하는 순간부터 진원지는 물론 그 파장까지 면밀히 관찰하는 수고를 아끼지 않았어야 한다.

나쁜 소문보다 빠른 해악은 없다.
그들은 움직임이 많을수록 힘이 더 세지고,
앞으로 나아갈 때마다 몸이 더 커진다.
처음에는 겁이 나서 몸을 움츠리지만
금세 상공으로 날아오른다.

— 베르길리우스

20
권력 경쟁은
소꿉놀이가 아니다

이야기 I-20-22

송나라 양공[12]이 초나라와 탁곡 강가에서 전투를 벌였다. 송나라 군대는 이미 대오를 갖추었지만 초나라 군대는 아직 강을 건너 오지 못하고 있었다. 송나라의 우사마 구강이 종종걸음으로 나와 왕에게 말했다.

"초나라 군대는 그 수가 많고 우리 군대는 적습니다. 적군이 강

---

12 송양공宋襄公(B.C. 650-637년 재위): 춘추전국시대 송나라의 19대 제후. 제환공의 뒤를 이어 중원의 패자가 되겠다는 야심으로 제후들과 자주 충돌하였다. 이 이야기는 양공이 정鄭나라를 정벌하자 초나라가 원군을 보내와 싸운 것인데 결국 그는 패자의 꿈을 이루지 못하고 어리석음의 대명사로서 '송양지인宋襄之仁'이란 고사만 남기게 되었다.

을 반 정도 건너와 아직 대오를 갖추기 전에 공격해야 이길 수 있습니다."

양공이 말했다.

"내가 들으니 '군자는 부상병을 거듭 찌르지 않고, 반백의 노병은 사로잡지 않으며, 곤경에 처한 상대를 몰아붙이지 않으며, 대오를 갖추기 전에 공격하지 않는다'고 하였다. 적군이 아직 강을 건너지도 않았는데 공격하는 것은 의를 해치는 일이다. 초나라 군대가 모두 강을 건너 대오를 갖춘 후에 북을 쳐 나아가도록 하라."

그러자 우사마가 대답하였다.

"군주께서는 우리 송나라 군사의 창자와 심장이 찢어지는 고통은 불쌍히 여기지 않고 오직 의로움만 찾으려 하십니까?"

왕은 버럭 소리를 질렀다.

"당장 대오로 돌아가지 않으면 군법으로 다스리겠다."

우사마는 대오로 돌아갔고 초나라도 이미 대오를 갖추고 진을 펼쳤다. 양공이 이내 북을 쳐서 초나라 군대를 공격하였으나 송나라 군대는 크게 패했고 양공 자신도 허벅지에 부상을 입어 사흘 뒤 죽고 말았다.

– 《한비자》〈제32편 외저설 좌상〉

생각하기

　인정과 의리는 권력을 경영하는 자에게 어떤 의미일까? 인정 없는 권력은 무자비하고 살벌한 폭력이 되기 쉽지만 인의仁義만 좇는 권력은 이빨 빠진 호랑이 신세를 면치 못할 것이다. 아이들이 전쟁놀음을 하면서도 상대의 강약점을 살피며 이기려 든다. 하물며 권력을 다투는 자가 이야기에 나오는 임금처럼 오로지 인정과 의리에 몸을 맡긴다면 그는 이미 권력을 경영할 자격을 상실한 것이다. 인의는 비록 미덕으로 칭송받을지 몰라도 권력 게임의 본질은 힘인 것을 잊지 말라. 힘이 뒷받침되지 않는 인의는 결국 사람들의 조롱거리로 전락할 것이다.

　그럼에도 불구하고 아직 유교적 윤리에 익숙한 우리 마음 한편에는 인의를 향한 동경이 똬리 치고 있는 것은 사실이다. 그러나 권력의 비정함을 조금이라도 맛본 사람은 어떤 인의도 교활한 상대에 속을 만큼 우둔해선 안 되며 어떤 싸움도 마지막에 자비심을 버리면 안 된다는 것을 안다. 일을 할 때 인의를 고집하면 곧잘 융통성 없는 사람으로 치부되기 쉽고 그렇다고 교활한 수를 먼저 보이면 협잡꾼으로 경멸받기 쉽다. 영리한 장사꾼은 두 가지를 함께 쓸 줄 안다. 함박 미소를 머금은 채 한 손으로 그럴듯한 선물을 보

이면서 다른 한 손은 거절하기 어려운 조건을 내밀어 거래를 압박한다. 그런 그를 사람들은 교활하다고 비난하기보다 영리하다고 칭찬할 것이다. 오히려 상황에 적절치 않은 인의는 한 여인과의 약속을 지키려다 물에 빠져 귀한 목숨을 잃은 미생尾生의 어리석음이 아닐까.

미생지신尾生之信

노魯나라의 미생이라는 사람은 일단 약속을 하면 어떤 일이 있어도 지키는 사람이었다. 어느 날 한 여인과 다리 밑에서 만나기로 약속하였는데 여자는 약속 시간이 지나도 나타나지 않았다. 때마침 큰비가 내려 개울물이 넘쳐 다리 밑으로 흘러 내려왔다. 미생은 '조금만 더, 조금만 더' 하고 기다리다가 끝내 급류에 휩쓸려 목숨을 잃고 말았다. 장자는 "이런 자는 사소한 명분에 끌려 진짜 귀중한 목숨을 소홀로 하는 자이며 참다운 삶의 이치를 모르는 어리석은 자이다."라고 그를 규탄하면서 이는 신의에 얽매인 데서 오는 비극이라 하였다.

- 《장자》〈도척편〉

21
선물의 정치학

이야기 1-21-23

공자가 노나라에서 정사를 맡게 되자 백성들이 길가에 버려진 물건도 줍지 않을 정도로 나라가 잘 다스려졌다. 이웃 제나라의 경공景公이 노나라가 잘되는 것을 두려워하여 걱정하니 대부 여서가 말했다.

"걱정하지 마십시오. 공자를 제거하는 것은 짐승의 한 줌 겨드랑이 터럭을 날리는 것만큼 쉽습니다. 노나라 애공哀公에게 예쁜 여자 악사들을 보내십시오. 노나라 임금은 여자와 음악을 즐기느라 틀림없이 정사에 태만하게 될 것입니다. 그러면 공자가 왕에게 간언하겠지만 왕은 결코 듣지 않을 것입니다."

"좋은 생각이오."

경공은 여서를 시켜 여자 악사 16명을 노나라에 선물로 보냈다. 애공은 그날부터 음악을 즐기느라 정사를 게을리하기 시작하였다. 이에 공자가 수차례 간언하였으나 애공이 듣지 않자 마침내 공자는 노나라를 떠나 초나라로 향하였다.

- 《한비자》〈제31편 내저설 하〉

생각하기

상대의 호감을 얻는 데에 선물만큼 좋은 특효약도 없다. 선물은 먼저 사랑하는 사람에게 베푸는 것은 당연하지만 필요에 따라 미운 자에도 보낼 수 있다. 권력을 경영하는 당신에게 선물은 쓰는 방법과 대상에 따라 여러 가지 가능성을 제공한다. 이른바 '선물의 정치학'을 잘 익혀 두면 여러모로 편리하다.

우리 속담에 '미운 놈 떡 하나 더 준다'는 말이 있다. 미덥지 못한 사람이나 못된 경쟁자에게 떡을 더 주다니 왜 그럴까? 그것은 일석이조의 효과가 있다. 극복해야 할 대상에게 오히려 호의를 베푸는 것은 넓은 도량과 자신감의 발로로 일단 심리적 우위에 설 수 있다. 한편 떡을 받아 든 경쟁자는 뜻밖의 선물에 의아하며 그 의중을 헤아리다 잠시라도 경계의 끈을 놓칠 수 있다. 결국 작은 선물

하나가 좋은 평판과 함께 '미운 놈'을 언제든지 공격할 틈새까지 열어 준 것이다.

마찬가지로 경쟁자가 선물을 보내 오면 십중팔구 그냥 선물이 아니다. 먼저 그것이 전하는 메시지를 생각해 보라. 항복인지 아니면 휴전을 제안하는 것인지, 아니면 혼란을 주려는 것인지 그 의도를 정확히 해독하여야 한다. 어쩌다 메시지를 잘못 읽어 행여 상황 판단에 오류라도 생긴다면 결코 가볍게 넘길 일이 아니다. 역사상 작은 선물 하나가 구멍이 되어 철옹성 같은 권력에 균열을 일으킨 사례는 적지 않다. 천하를 호령하던 진시황도 선물에 눈이 어두워 하마터면 목숨을 잃을 뻔한 실수를 저지르기도 하였다.

진시황 시해 사건

어릴 적 진나라에 인질로 잡혀갔던 연나라 태자 단丹은 진나라에 깊은 원한을 품고 있었다. 그는 자객 형가荊軻를 설득하여 진나라 왕 영정을 암살할 계획을 세우는데 진왕을 접견하기 위해서는 그를 유인할 만한 그럴싸한 선물이 필요했다. 태자 단은 자객 형가를 시켜 번어기樊於期의 목과 함께 연나라 독항督亢 땅을 진나라에 선물로 바치면서 그 지도 속에 독이 묻은 비수를 숨겨 가도록 하였다. 드디어 진왕을 접견하는 날, 형가는 번어기의 수급이 든 상자를 들고 앞장서고 독을 묻힌 비수를 숨긴 독항 땅 지도를 든 진무양秦舞陽이 그 뒤를 따랐다. 숨 막히는 긴박감을 이겨내지 못한 진무양은 얼굴이 하얗게 변하면서 온몸을 부들부들 떨기 시작하였다. 진왕과 좌우들이 그것을 보고 이상하게 여기자 형가가 웃으면서 말한다.

"진무양은 원래 북방의 야인으로서 천자를 난생 처음 알현하니 저렇게 떨며 두려워하는 것이니 대왕께서는 용서하시기 바랍니다."

형가의 말에 안심하는 듯 왕은 번어기의 수급을 직접 확인한 후 독항의 지도를 가져오라 일렀다. 형가는 진무양에게서 지도를 받아 왕에게 바치니 왕은 지도를 서서히 펼치기 시작하였다. 마침내 지도가 모두 펼쳐진 순간 지도 속 비수가 번쩍 그 칼날을 드러냈다. 형가는 잽싸게 비수를 집어 왼손으로 왕의 소매를 잡고서 오른손으로 그의 가슴을 향해 비수를 날렸다. 그러나 왕이 깜짝 놀라 일어서는 바람에 그의 왼쪽 옷 소매만 잘렸고 왕은 급히 기둥 뒤로 피신하였다. 형가는 지도가 펼쳐진 탁자를 뛰어넘어 진왕을 쫓아갔다. 왕은 기둥을 빙글빙글 돌면서 달아났다. 다급해진 주위의 신하들이 모두 외쳤다.

"폐하, 등에 진 검을 뽑아 치소서!"

마침내 진왕은 등에 진 칼을 뽑아 형가의 왼쪽 다리를 잘랐다. 형가는 쓰러지면서 왕을 향하여 비수를 던졌으나 그만 빗나가 기둥에 꽂혔다. 진왕이 다시 형가를 내려치니 여덟 군데 자상을 입은 형가는 기둥에 기대어 크게 한 번 웃고서 그 자리에서 죽었다.

- 《사기》 〈자객 열전〉

22
가장 확실한 보험은
무엇인가?

이야기 1-22-24

진晉나라 왕자 중이重耳(후일의 진문공)의 갈비뼈가 통뼈라는 소문을 확인하고 싶었던 조曹나라 군주가 그의 발가벗은 몸을 몰래 훔쳐보았다. 그때 조나라 대신 희부기와 숙첨도 함께 있었다.

집에 돌아온 희부기는 그 일이 마음에 걸려 계속 걱정스러운 표정을 짓고 있었다. 그의 아내가 물었다.

"밖에서 들어온 후 줄곧 걱정스런 표정을 하고 있는데 무슨 일이 있습니까?"

희부기가 대답했다.

"오늘 우리 군주가 진나라 왕자에게 무례를 범했소. 나도 그때 군주와 함께 있었는데 그것이 마음에 걸려서 그렇소."

그의 아내가 말했다.

"저도 그 왕자를 본 적이 있는데 보통 사람이 아닌 듯 보였습니다. 그가 만약 왕이 되어 무례를 행한 자를 벌한다면 우리 조나라가 제일 먼저일 것 같습니다. 그쪽에도 한 다리를 걸쳐 놓아야 안전하지 않겠습니까?"

"옳은 말이오."

희부기는 곧 황금을 단지 밑바닥에 넣고 그 위를 음식으로 채운 후 맨 위에 벽옥을 올려 밤중에 사람을 시켜 중이에게 보냈다. 중이는 두 번 절한 후 벽옥은 돌려주고 단지만 받았다. 그 후 중이 일행은 조국 진나라에 돌아올 수 있었고 중이는 왕이 되었다. 그가 바로 진문공으로 왕으로 즉위한 지 3년이 지나자 군사를 일으켜 조나라를 쳤다. 그때 진문공은 희부기에게 이렇게 알렸다.

"우리 군대가 조나라 성에 다가가고 있소. 그대가 사는 마을에 표시를 해두면 우리 군사가 그대를 범하지 않도록 명령해 두겠소."

조나라 사람들이 희부기가 사는 마을에서 보호를 받게 되니 그 수가 칠백여 호가 되었다고 한다.

- 《한비자》 제10편 십과

생각하기

　보험제도의 운용 요소 중 사고 개연율蓋然率이 있다. 풀이하면 사고가 발생할 확률이다. 이 개연율이 높을수록 보험가입자는 보험료를 많이 내고 낮을수록 적게 낸다. 조직생활에서 흔히 '보험 든다'는 말도 재난과 위험에 대비하여 손해를 최소화하려는 동기로 보면 상업보험과 다를 바 없다. 특히 대량 실직이나 해고 등 직업적 사고의 발생 개연성이 어느 때 보다 높은 오늘날 언제 일어날지 모르는 인사상 불이익이나 사고에 대비하여 힘 있는 상사 하나쯤 보험으로 잡고 가는 것은 나름 현명한 선택인 것 같다.

　여기서 상사는 보험회사와 같고 당신은 피보험자이다. 보험 가입자가 재무상태가 양호한 보험회사를 찾는 것처럼 당신도 동아줄 같이 튼튼한 상사를 보험자로 삼으려 한다. 보험금 지급 범위 등을 놓고 왕왕 분쟁이 일어나듯 당신과 상사도 상호 간 신뢰와 기대치에 인식의 차가 있을 수 있다. 막역한 사이라고 믿고서 막상 도움을 구했으나 모른 척했다는 하소연 따위가 그것이다. 그 같은 인식의 차이를 극복하려면 보다 확실한 신뢰 관계를 구축해야 한다. '보험을 들려면 확실히 들라'는 것이 그것이다.

보험은 반드시 힘 있는 상사에만 한정되는 것은 아니다. 회사를 지키는 경비원이나 업무용 차량 기사 등도 보험의 원리는 그대로 적용된다. 어쩌다 이들의 한마디 말이 당신 신상에 결정적 영향을 끼칠 수 있기 때문이다. 친구 또한 믿을 만한 보험 상품이다. 그러나 비루한 영혼은 행복할 때 친구를 두지 않는다. 그런 그가 불행에 빠졌을 때 어느 친구가 그를 알아보겠는가? 언제 어느 구름이 비를 뿌릴지 모른다. 보험의 가치는 그렇게 불행에 대비하여 행복을 저장하는 것이다.

그런데 의문이 있다. 다른 사람을 보험으로 삼아 믿고 의지하는 것이 얼마나 안전할까? 그가 확실한 보험자가 되려면 최소한 당신이 근무하는 동안 이른바 '실력자'로 남아야 한다. 막상 도움을 구했을 때 기꺼이 응할지 여부는 더 중요하다. 세상 따라서 사람이 변하는 것은 누구도 장담할 수 없다. 그가 계속하여 건재하고 또 반드시 도울 것이다고 확신하기 어렵다. 그렇다. 자기 운명을 다른 사람 손에 맡기는 것만큼 불안한 일이 또 있을까? 행운도 불행도 운명의 주인은 당신 아닌가? 결국 스스로 자신을 믿을 만큼 내실을 충실히 하는 것보다 더 안전한 보험 상품은 없을 것이다.

교토삼굴狡兎三堀(교활한 토끼는 세 개의 굴을 준비한다)

맹상군은 식읍인 설 땅 사람들에게 돈놀이를 하고 있었는데 그들은 도무지 빚 갚을 생각을 하지 않았다. 누구를 보내 빚 독촉을 할까 궁리 중인데 거의 일 년간 무위도식으로 일관한 풍훤이 자청하였다. 설 땅에 당도한 풍훤은 차용증을 하나하나 점검한 후 이자로만 십만 전을 다시 차용증으로 받았다. 그리고 사람들에게 말했다.

"맹상군은 여러분의 상환 노력을 어여삐 보고 모든 채무를 탕감하라고 분부하셨소."

그리고 모아 놓은 차용증 더미에 불을 질렀다. 차용증은 모두 재로 변했고, 사람들은 맹상군의 처사에 감격해 마지않았다.

다음 해 맹상군은 새로 즉위한 민왕에게 미움을 사서 재상직에서 쫓겨났다. 풍훤은 그에게 설 땅에 가서 머물 것을 권유했다. 맹상군이 실의에 찬 몸을 이끌고 그곳에 나타나자 백성들이 환호하며 그를 맞이했다. 맹상군이 풍훤에게 말했다.

"선생이 전에 은혜와 의리를 샀다고 한 말의 뜻을 이제야 알겠소."

풍훤이 말했다.

"교활한 토끼는 도망갈 구멍을 세 개 정도는 뚫어 놓는다 합니다. 지금 주공께서는 한 개의 굴을 뚫었을 뿐입니다. 나머지 두 개의 굴도 마저 뚫어드리지요."

풍훤은 이웃 위나라 혜왕을 만나 맹상군을 등용하면 부국강병은 물론이고 제나라를 견제할 수 있을 것이다고 설득하였다. 마침내 위나라가 맹상군을 중용하려 한다는 소문을 들은 제나라 왕은 그를 재상에 복귀시켰다. 두 번째 굴이 완성된 셈이다. 풍훤은 세 번째 굴을 파기 위해 민왕을 설득하여 설 땅에 제나라의 종묘를 세우게 하였다. 제나라 왕실의 종묘가 맹상군의 식읍에 있는 한 왕이 맹상군을 함부로 대하지 못할 것이라는 계산이었다. 풍훤이 맹상군에게 말했다.

"이것으로 세 개의 구멍이 완성되었습니다. 이제부터 주군은 베개를 높이하고 주무셔도 됩니다."

- 사마천의 《사기》 〈맹상군 열전〉

23
당신에게 맞는
짝을 찾으라

이야기 I-23-25

 노魯나라에 짚신을 잘 삼는 남편과 흰 비단을 잘 짜는 아내가 있었다. 이들 부부가 멀리 있는 월越나라로 이사하려 하자 어떤 사람이 말했다.

 "월나라에 가면 당신들은 틀림없이 끼니를 잇기 어려울 것이오."

 남편이 물었다.

 "어째서 그렇소?"

 "짚신은 발에 신는 것인데 월나라 사람들은 맨발로 다닌다 하고, 흰 비단은 머리에 쓰는 관을 만드는 것인데 월나라 사람들은 의관도 없이 머리를 헤치고 다닌다고 들었습니다. 당신들은 비록 좋은 기술을 가졌지만 그것을 제대로 쓰기 어려운 곳으로 가는 것이니 어찌 끼니 걱정을 하지 않겠소?"

- 《한비자》 〈제22편 설림 상〉

생각하기

'짚신도 짝이 있다'는 속담을 알 것이다. 세상 무엇이나 짝이 있고 또 있어야 하듯 인생도 인연의 짝이 있다. 다행히 제대로 된 짝을 만나면 인생살이가 수월하지만 그렇지 못하면 그만큼 고달파진다. 결혼생활이 그렇고 직장에서 상사나 부하를 만나는 것도 그렇다. 사람들은 짝은 어쩔 수 없는 인연이라고 말하지만 좋은 짝을 만나기 위한 노력 역시 그 의미가 가볍지 않다.

좋은 짝을 만나는 방법 중 첫 번째는 자기에게 주어진 행운의 별을 제대로 알아보는 것이다. 누구나 별같이 빛나는 장점을 하나쯤 가지고 있다고 한다. 그러나 그것이 진짜 자기 것인지 또 얼마나 빛을 발하는지 아는 사람은 많지 않은 것 같다. 이른바 '진흙 속에 묻힌 진주'가 그것이다. 두 번째는 다행히 진주를 캐어냈으면 그것을 갈고 닦아 빛이 나도록 해야 한다. 빛을 발하는 만큼 당신을 짝으로 찾는 사람도 많아질 것이다. 마지막으로 아무리 잘 갈고 닦은 보석도 언젠가 빛을 잃는다는 것을 잊지 말라. 빛을 잃은 재능이 바닥마저 드러내는 것만큼 당황스러운 일이 또 있을까. 그나마 조금이라도 그 빛이 남았을 때 가능한 빨리 새로운 인연을 찾아 여정을 꾸리라. 설마 하는 마음에 눌러앉아 결국 덜미에 끌려 퇴장당하는 불명예는 피해야 하니까.

미인은 거울이 자신의 늙은 모습을 비출 때까지 기다리지 않는다.
미인은 현명하게도 아직 아름다움이 남아있을 때 거울을 깨뜨린다.

- 발타자르 그라시안

사람들은 흔히 말한다. 성공하려면 좋아하는 일, 잘할 수 있는 일을 찾으라고. 나름으로 일리 있는 말이다. 그러나 세상에 하고 싶은 일만 하면서 살 수 있는 사람이 몇 명이나 될까? 그들 대부분은 있는 곳에서 주어진 일을 묵묵히 해내는 그런 사람들이다. 비록 좋아하지 않지만 그것을 밑천 삼아 정말 하고 싶은 일을 찾으려는 참을성 있는 사람들이다. 누구나 세상을 참고 인내하며 사는 것은 아니다. 더구나 초고속 디지털 시대를 사는 젊은이들에게 그것은 못난이들의 변명처럼 들릴지 모른다. 그러나 세상이 아무리 변해도 결코 변하지 않는 덕목 중 하나는 인내심이다.

24
너무 많이 알면 안 되는 이유

이야기 I-24-26

제나라의 대부 습사미가 전성자[13]와 함께 전성자가 지은 누대에 올라 사방을 둘러보았다. 사방이 모두 탁 트였는데 남쪽을 보니 자기 집 정원에 있는 커다란 나무가 누대의 전망을 가로 막고 있었다. 전성자는 아무 말도 하지 않았다. 집에 돌아온 습사미는 사람

---

13 전성자田成子: 춘추전국시대 제나라 평공 때의 재상. 제나라는 원래 태공망 강씨(우리가 잘 아는 강태공을 말한다)가 세운 나라로 지금의 산동반도 부근에 있던 나라였으나 전성자 전상田常이 백성들에게 빌린 곡식보다 더 적은 양을 갚게 하는 등의 방법으로 민심을 등에 업고 마침내 간공을 살해하고 평공을 세워 전횡하였다. 그 후 손자 전화田和에 이르러(B.C. 386년) 마침내 제나라를 차지하니, 사가들은 이것을 전제田齊라 한다.

을 시켜 당장 나무를 베게 하였다. 하인이 도끼질을 몇 번 했을 때 그는 갑자기 도끼질을 멈추라고 하였다. 집사가 물었다.

"대인께서는 어찌 그렇게 변덕이 심하십니까?"

습사미가 대답하였다.

"옛 속담에 '연못 속 물고기를 알고 있는 자는 상서롭지 못하다'는 말이 있네. 장차 전성자가 큰일을 일으킬 것 같은데 내가 그 기미라도 아는 눈치를 보이면 반드시 위태롭게 될 것이네. 나무를 베지 않은 것은 죄가 될 수 없겠지만 남이 말하지 않으려는 것을 아는 죄보다 더 큰 것은 없을 것이네."

그리고서 끝내 나무를 베지 못하게 했다.

- 《한비자》〈제22편 설림 상〉

생각하기

　윗사람의 비밀을 알려 하지 말라. 우연히 알았을지라도 모른 척 하라. 드러내기 부끄러운 것을 알고 있는 사람과 마주하는 것만큼 고약스러운 일이 또 있던가? 어쩌다 비밀이 새더라도 당신 입에서 나온 것으로 의심받지 않도록 행동거지를 조심해야 한다. 평소에 과묵하다는 평판을 받고 있으면 일단은 안심해도 된다. 하지만 그것을 믿고 함부로 입을 놀리는 것은 스스로 자기 무덤을 파는 것과 다름없다.

　만약 비밀을 알고 있는 사실이 권력자의 귀에 들어가면 어떻게 될까? 바로 요주의 인물 중 첫째가 될 것이다. 비밀이 은밀하고 치명적 내용일수록 위험은 더 커진다. 이때 당신이 살아남을 유일한 방법은 충성을 맹세하고 결코 발설하지 않겠다는 다짐의 메시지를 확실히 전하는 것이다. 그래도 안심할 수 없으면 그것을 폭탄(?)으로 사용할 수 있음을 넌지시 알리는 것도 방법이다.

　권력 경쟁에서 경쟁자의 약점이나 비밀을 아는 것만큼 강력한 무기는 없다. 특히 은밀한 사생활이나 부정한 거래, 섹스 스캔들처럼 민감한 이슈는 목을 죄는 압박감을 주기 충분하다. 상대의 사회적 지위나 지명도가 높을수록 그것은 더욱 위력적인 무기가 된다.

미국 역사상 최초이자 마지막으로 종신토록 FBI 국장을 지낸 후버[14]는 미국 역대 대통령을 포함한 정계 거물들의 사생활 정보를 장악함으로써 종신이 가능했다는 것이 정설이다. 그러나 후버를 흉내 내는 것은 결코 쉬운 일이 아니다. 상대방이 꼼짝 못 할 정도로 완전하고, 검증 가능한 불가역적不可逆的 정보를 가져야 가능한 일이다. 자칫하면 권력자의 코털을 건드릴 수 있으니 여간 조심하지 않으면 안 된다.

여담이지만 대체로 회계부서 임직원이 여타 부서보다 더 오래 근무하는 경향이 있는 것 같다. 속단하기 어렵지만 기업의 회계 투명성과 회계 담당자의 직장수명은 어느 정도 상관관계가 있는 듯하다. 다만 그런 추측이 그저 억측이길 바랄 뿐이다.

---

14 후버John Edgar Hoover(1895-1972): 1924년부터 죽을 때까지 미국 연방수사국(FBI) 국장을 역임하고 FBI라는 머리글자를 미국 법 집행의 상징으로 만든 장본인. 재임하는 동안 FBI를 정치 권력으로부터 독립시키는 등 업적도 적지 않았지만, 말년에는 언론과 대중의 비판이 끊이지 않았다. 그러나 역대 대통령 누구도 그를 파면하지 못했다. 그의 사후 미국은 법을 개정하여 FBI 국장의 임기를 최대 10년으로 제한했다.

25
권력의 크기는
거리에 반비례한다

이야기 I-25-27

　정곽군이 제나라 재상으로 있을 때 옛 친구와 오랫동안 이야기를 나눈 적이 있다. 그 일이 있은 후 그 친구는 갑자기 부자가 되었다. 또한 좌우 신하들에게 손수건을 선물로 보낸 적이 있었다. 그것을 받은 사람들 역시 주위로부터 귀한 대우를 받게 되었다. 오랫동안 이야기를 나누고 또 손수건을 보내는 것은 작은 일이지만 그럼에도 불구하고 그것으로 부자가 되고 귀한 대우를 받았다고 하는데 하물며 관리들이 등위에 그의 권세라도 업게 된다면 어찌하겠는가!

- 《한비자》〈제31편 내저설 하〉

생각하기

　권력의 크기는 권력자와의 거리에 반비례한다는 명제가 있다. 이 명제의 진위 여부는 주변에서 바로 검증이 가능하다. 힘 있는 사람 가까이서 귓속말하는 제스처를 곧잘 보이는 사람들이 있다. 그런데 그들의 대화 내용은 알고 보면 별 볼 일 없는 것이 대부분이라고 한다. 결국 그런 제스처는 대화 내용이 내밀한 탓이기보다 권력자와 가깝다는 것을 과시하려는 정치적 메시지에 불과하다. 권력자에 가까이 있다는 사실 자체가 권력이 될 수 있기 때문이다. 과거 정부에서 유행했던 이른바 '문고리 3인방'이 그것을 증명한다.

　그해 7월 시황제가 사구沙丘에 이르렀을 때 병이 위독하여 중거부령 조고趙高에게 다음과 같은 편지를 적어 장남 부소扶蘇에게 보내도록 했다.

"군대는 몽염蒙恬에게 맡기고 함양으로 와서 내 유해를 맞아 장례를 치르라."

밀봉한 편지가 사자에게 전해지기전 시황제가 세상을 떠났다. 편지와 옥새는 모두 조고가 가지고 있었다.

조고는 부소에게 내린 옥새가 찍힌 편지를 쥐고 호해에게 말했다.

"황상께서 승하하셨지만 조서를 내려 아들들을 왕으로 책봉한다는 조서는 내리지 않고 장자에게만 편지를 남겼습니다. 장자가 오는 즉시 황제에 오르면 공자께서는 한 치의 땅도 가질 수 없습니다. 이 일을 어찌하겠습니까?"

호해가 말했다.

"그것은 당연합니다. 현명한 군주는 신하를 잘 알고 현명한 아버지는 자식을 잘 안다고 합니다. 아버지는 돌아가실 때까지 어느 왕자도 왕으로 봉하지 않았습니다. 자식으로서 무슨 말을 하겠습니까?"

조고가 말했다.

"그렇지 않습니다. 이제 천하의 대권을 잡느냐 마느냐는 공자와 저와 승상 이사에 달렸습니다. 깊이 헤아려 보기 바랍니다. 남을 신하로 두는 것과 남의 신하가 되는 것, 그리고 남을 지배하는 것과 남에게 지배를 당하는 것이 어찌 같다고 할 수 있겠습니까?"

조고의 흉계는 마침내 성공하였고 그것은 진제국이 멸망하는 시발점이 되었다.

- 《사기》〈이사 열전〉 중

반대로 권력자 부근에 얼씬거리는 것조차 꺼리는 사람도 있다. 자칫 그것이 재앙이 될 수 있다고 염려하기 때문이다. 나름 현명한 처세로 보인다. 그러나 당신은 어떻든 힘을 키워 조직 내 주요 정책에 영향력을 행사하려는 권력 게임 플레이어이다. 그런 당신이 만약 회장이나 사장 같은 권력자와 마주치기를 꺼린다면 그들은 또 무엇 때문에 당신을 찾겠는가? 출세의 사다리를 오르려면 먼저 그 사다리 주인의 눈에 들어야 한다. 그러므로 권력자의 관심을 끄는 데 온갖 정력을 쏟는 당신의 모습은 정당하고 아름답다.

야심 그 자체는 악덕이지만 종종 그것에서 여러 가지 덕이 태어난다.

- 퀸틸리아누스

이때 권력자의 관심이 반드시 호의적이어야 하는 것은 아니다. 경쟁자들과 구별되는 당신 나름의 어떤 특징을 각인시키면 그만이다. 따라서 악평만 아니면 사람들의 입방아에 오르내리는 것도 괜찮다. 있는지 없는지 무시당하는 것보다 그럴싸한 명분만 있으면 차라리 공격당하고 비방 받는 편이 낫다. 이른바 '노이즈 마케팅'은 당신이 살아있다는 외침이며 증거이다. 권력자의 눈길을 끄는 것도 요령이 있어야 한다. 섣부른 아부나 튀는 행동은 얼핏 효과가 있는 것 같지만 오래가지 못한다. 차라리 굼떠 보이지만 진실과 정의를 고집하는 모습은 당장은 아니더라도 언젠가 권력자의 눈길을 사로잡을 것이다.

일단 사람들의 눈에 띄어야 한다. 눈에 띄지 않는 것은 존재하지 않는 것이나 다름없다. 모든 창조물을 눈부시게 하는 것은 빛이다. 빛은 빈 곳을 채워주고 부족함을 덮어주며 모든 것에 또 하나의 생명을 준다. 당신의 빛이 진정한 장점에 의하여 뒷받침될 때는 더 말할 나위가 없다.

- 발타자르 그라시안

26
윗사람보다
나아 보이면

이야기 1-26-28

은殷나라의 신하 비중이 주왕紂王에게 간언하였다.

"서백창[15]을 죽여야 합니다. 그가 인仁하다는 소문 때문에 백성들이 그를 흠모하고 제후들은 그에게 아부하니 그를 죽이지 않으면 안 됩니다. 그는 반드시 우리 은나라에 화근이 될 것입니다."

주왕이 말했다.

---

15 서백창西伯昌: 고대 중국 은나라를 멸망시키고 주나라를 세운 무왕의 아버지. 건국 후 문왕으로 추서되었다. 서백은 은나라 서쪽 지방을 관장하는 제후들의 우두머리라는 직함이고, 창은 그의 이름이다. 성군의 대표적 인물로 특히 유가들로부터 추앙받아 왔다.

"그대의 말대로면 그는 의로운 사람인데 어찌 죽일 수 있겠소?"

비중이 다시 말했다.

"관은 아무리 헤져도 머리에 써야 하고 신발은 아무리 화려해도 반드시 땅바닥을 밟는 것입니다. 지금 서백창이 신하의 신분을 넘어서 사람들이 그를 흠모하고 있으니 결국 천하에 우환이 될 자는 바로 서백창이 아니겠습니까? 신하로서 자기의 현량함을 군주를 위해 쓰지 않는다면 죽이지 않을 수 없습니다. 군주가 신하를 죽이는 일이 어찌 허물이겠습니까?"

주왕이 대답했다.

"무릇 인의란 윗사람이 아랫사람에게 권장하는 것이라 하오. 지금 서백창이 인의를 즐겨 베풀고 있는데 그를 죽일 수는 없을 것 같소."

그 후 비중은 세 번을 더 간언하였으나 듣지 않자 멀리 도망가고 말았다.

- 《한비자》〈제33편 외저설 좌하〉

생각하기

인간은 질투의 화신이라고 한다. 당신이 진심으로 사랑하고 존경하는 사람을 포함하여 누구도 예외는 없다. 무엇이든 하나라도 우월하면 의도와 상관없이 사람들에게 질투를 부른다. 그것이 '힘 있는 상사' 앞이면 더욱 그렇다. 한껏 몸을 낮춘 경쟁자들은 사이를 비집고 들어와 그의 질투심을 부채질하려 들 것이다. 그렇다고 무작정 아부하거나 저자세 경쟁을 벌이는 것은 어리석다. '과공過恭은 비례非禮'라는 말처럼 지나친 공손도 문제지만 설익은 겸손은 상황을 더 악화시킬 수 있다. 더욱이 그것이 위선이나 위장으로까지 의심받게 되면 상황은 거의 재앙 수준이 될 것이다. 그럴 바에는 차라리 있는 모습 그대로 보이는 것이 훨씬 낫다.

> 너희는 다른 신을 예배해서는 안 된다. 나의 이름은 질투하는 야훼, 곧 질투하는 신이다.
>
> – 《구약성서》〈출애굽기〉 34:14

윗사람보다 출중한 외모를 가졌다면 가능하면 함께 자리하지 말라. 혹시 더 똑똑하다는 말이 들리면 그의 인정 탓으로 돌리라. 그래도 안심할 수 없으면 일부러 실수를 저질러 도움을 요청해 보라. 똑똑한 당신을 돕는 것을 우월감의 표시로 여긴 그는 기꺼이 소매를 걷어 올릴 것이다. 결론은 그렇다. 질투의 희생양이 되지 않으려면 자기의 우월성을 상위자의 자존심에 희생시키는 용기가 필요하다. 별은 절대로 해와 함께하지 않는다. 그것은 하늘이 가르치는 삶의 지혜이다. 다행히 그가 서서히 바람이 빠지는 풍선 같은 존재라면 당신이 대신할 수 있음을 적극 알려도 무방할 것이다.

외모만큼 사람의 눈을 현혹시키는 것도 드물 것 같다. 동양 사회가 전통적으로 사람을 평가하는 잣대로 써온 4가지 기준, 즉 신身·언言·서書·판判 중 그 첫 번째가 신身, 즉 외모라는 것만 보아도 그렇다. 뛰어난 언변이나 판단력도 외모를 따라잡는 데는 시간과 노력이 필요한 것 같다. 그러나 현명한 사람은 보이는 것이 전부가 아님을 알고 있다. 그들은 눈으로 볼 수 없는 진리를 찾기 위해 멀리 높은 곳을 향하여 끊임없이 자신을 연마하는 사람들이다.

초楚나라 영왕이 제나라의 사신으로 온 안영[16]을 접견하였다. 말로만 듣던 안영의 볼품없는 모습에 영왕은 그를 놀려주고 싶은 마음이 생겼다. 왕이 말했다.

"내가 듣기로 제나라는 큰 나라로 알고 있는 데 귀국에는 사람이

---

16 안영晏嬰(B.C. 578-B.C. 500년): 중국 춘추시대 제나라의 정치가, 사상가. 안자晏子 또는 안평중이라고 불리었다. 탁월한 정치가로 제나라의 영공, 장공, 경공까지 세 왕을 모시며 40여 년 동안 제나라 정치를 주도하고 외교도 활발히 하여 그 이름을 떨쳤다. 키가 작고 볼품없는 외모였다고 전하지만 공자도 《논어》에서 안영을 흠모하는 말을 여러 번 하고 있다.

없는 모양이구려."

왕의 마음을 이미 간파한 안영이 대답하였다.

"우리나라는 땅이 넓고 인구도 많습니다. 서울 임치성 사람들이 내뿜는 입김만으로 구름을 이루고 흘리는 땀을 모으면 비가 될 정도입니다. 사람들이 길거리에 나오면 어깨를 서로 비비지 않으면 걸을 수 없습니다. 그런데 어찌 사람이 없다고 하십니까?"

왕이 웃으면서 말했다.

"사람들이 그렇게 넘치면서 어째서 그대 같은 사람을 사신으로 보낸 것이오?"

안영이 정중히 대답했다.

"우리 군주께서는 사신을 보낼 때 반드시 한 가지 원칙을 지키십니다. 그것은 사신을 보내는 나라의 군주가 예를 아는 군주이면 그에 맞게 덕이 높은 신하를 보내지만 만약 그렇지 않으면 저처럼 비루한 신하를 보내는 것입니다. 잘 헤아려 주시기 바랍니다."

영왕은 안영의 대답에 너무 부끄러워 얼굴이 벌겋게 달아올랐다. 더이상 말을 잇지 못하고 어서 주연을 베풀라고 명하였다.

- 《안자춘추》

27
천재보다
충복이 되라

이야기 1-27-29

　태공망太公望 여상呂尙우리가 흔히 강태공으로 알고 있는 제나라의 시조이 동쪽 제 땅에 제후로 봉해졌을 때 그곳 동해 바닷가에 광유와 화사라는 두 형제 거사가 있었다. 두 사람은 이렇게 말했다.
　"우리는 천자의 신하도 아니고 제후의 벗도 아니며, 오직 내 손으로 농사를 지어 밥 먹고 우물 파서 물 마시니 그들에게 바라는 것도 없다. 더구나 군주로부터 벼슬이나 녹봉을 받을 일도 없어 그저 우리 힘으로 사는 것이다."
　태공망은 영구에 이르자 그들을 죽여 첫 처벌의 본보기로 삼았다. 주공단[17]이 노魯나라에서 이 소식을 듣고 급히 사람을 보내 물었다.

"그들은 현자로서 이름난 사람들인데 이제 막 천자로부터 나라를 받고서 현자를 죽이는 것은 무슨 까닭입니까?"

태공망이 대답하였다.

"지금 여기에 한 마리 말이 있다고 칩시다. 천리마 기驥를 닮은 모습이니 천하의 명마일 것입니다. 그러나 그것이 채찍으로 몰아도 앞으로 나아가지 않고, 당겨도 멈추지 않고, 좌로 해도 우로 해도 말을 듣지 않는다면 아무리 미천한 노복이라도 이 말을 타지 않을 것입니다. 스스로 일컫기를 세상의 현자라고 하는 자가 행실이 아무리 뛰어나도 쓸모가 없다면 결코 현명한 군주의 신하가 될 수 없습니다. 마치 오른쪽으로도 왼쪽으로도 부릴 수 없는 천리마와 같으니 죽일 수밖에 없습니다."

— 《한비자》〈제34편 외저설 우상〉

---

17 주공단周公旦 : 고대 중국 주周나라의 정치가. 이름이 단. 주 왕조의 기초를 세운 문왕의 아들이며 무왕의 동생이다. 조카 성왕을 대신하여 섭정했으나 끝까지 성왕을 모셨다. 정치적으로 봉건제를 실시하여 주왕실을 공고히 하고 예악과 법도를 제정하여 주나라 제도문물의 기틀을 잡았다. 유가는 그를 성인으로 추앙한다.

생각하기

천재의 가치는 어디에 있을까? 그것은 그의 천재성이 어떻게 쓰이는가에 달려 있다. 아무리 빼어난 천재라도 일상에 도움이 되지 않으면 그의 천재성은 절반의 가치에 머물고 말 것이다. 대체로 천재를 자처하는 이들은 자존심도 그에 못지않아 남으로부터 도움이나 지시받기를 꺼리는 경향이 있다. 한편으로 권력을 가진 자는 권력 유지에 도움이 되면 사양할 바가 없지만 방해가 되면 못 할 바가 없는 사람들이다. 그런 탓에 천재와 권력자의 조우가 항상 해피엔딩이 되는 것은 아니다. 재능이 오히려 재앙이 되기도 하는데 한비자도 그의 천재성 때문에 오히려 죽임을 당한 경우이다.

진시황은 한비자가 지은 〈고분孤憤〉과 〈오두五蠹〉 두 편의 문장을 보고 말했다.

"아! 과인은 이 책을 쓴 사람을 만나볼 수 있다면 죽어도 여한이 없겠다."

한비자와 동문수학했던 승상 이사가 말했다.

"이것은 한나라의 한비가 지은 책입니다."

진나라는 한나라를 치고서 한비자를 사신으로 보낼 것을 요구하자 한나라는 즉각 그를 진나라에 보냈다. 한비자를 본 진시황은 그의 문

장은 좋아하였으나 그를 등용하는 것은 망설였다. 어린 시절부터 한비자의 재주를 시기하던 이사가 말했다.

"한비는 한나라의 왕자입니다. 만약 한비를 기용하면 그는 결국 한나라를 위해 일하지 우리 진나라를 위해 일하지 않을 것입니다. 그렇다고 그대로 돌려보낸다면 스스로 뒤탈을 남기는 것입니다. 차라리 죄를 씌워 법에 따라 죽이는 것이 낫습니다."

이사의 말을 들은 진시황은 한비자를 옥리에 넘겨 처리하도록 명하였다. 이사는 이 틈을 다 옥리를 시켜 한비자가 스스로 목숨을 끊도록 하였다. 죽기 전 한비자는 직접 진시황을 만날 것을 요구하였지만 거절당하였다. 진시황이 뒤늦게 자신의 처사를 후회하여 사람을 보냈으나 한비자는 이미 이 세상 사람이 아니었다.

- 《사기》〈노자한비 열전〉

많은 권력자가 진정으로 찾는 것은 천재보다 충복인 것을 알라. 만약 충복이 천재성까지 겸비하면 금상첨화錦上添花지만, 오만이 넘치는 천재는 설상가상雪上加霜이다. 중국 송나라 때 성리학의 기초를 다진 대유학자 정이천程伊川은 '인생의 3가지 불행人生三不幸'을 말한 바 있다.

어린 나이에 과거 급제하는 것이 첫째요,
年少得高第
부모 형제의 권세로 좋은 자리에 앉는 것이 둘째요,
席父兄之勢爲美官
뛰어난 재주에 글솜씨까지 좋은 것이 셋째이다.
有高才能文章

왜 이것을 불행이라 하였을까? 보통 사람은 일생에 하나도 갖기 어려운 행운을 불행이라고 말하는 정이천의 참뜻은 무엇일까? 그것은 분명 오만을 경계하라는 가르침일 것이다.

인생의 가장 큰 병은 단지 글자 한 자 '거만할 오'이다.
人生大病 只是一傲字

– 왕양명 《전습록》

28
힘을
절제할 줄 알라

이야기 I-28-30

 진晉나라의 대부 지백요는 조趙씨, 한韓씨, 위魏씨 세 가문과 함께 범范씨와 중항中行씨를 쳐서 그들 땅을 모두 나누어 가졌다. 그 후 몇 년이 지나 지백요는 한씨 가문에 땅을 요구하였다. 버티다 못한 한씨는 마침내 만 호의 현縣 하나를 떼어 주었다. 지백은 다시 위씨 가문에 땅을 요구하였다. 위씨 또한 만 호의 현 하나를 떼어 줄 수밖에 없었다. 마지막으로 지백은 조씨 집안에 채 땅과 고랑 땅을 요구하였다. 그러나 조씨 가문의 조양자[18]는 그의 요구에 응하지

---

18 조양자趙襄子(?~B.C. 443년): 춘추시대 말 전국시대 초까지 활약했던 진晉나라 조씨 가문의 12대 종주. 조간자의 아들이다. 이야기에 나오는 것처럼 한씨·위

않았다. 앙심을 품은 지백은 한씨와 위씨를 불러 함께 조양자를 공격하였다. 마침내 지백요는 조양자의 본거지 진양성 쪽으로 흐르는 강물을 막아 터트려 무려 3년을 포위하였다. 조양자가 가신 장맹담에게 한씨와 위씨의 주군을 몰래 만나보라고 명하였다. 두 주군을 만난 장맹담은 말했다.

"옛말에 '입술이 없으면 이가 시리다'脣亡齒寒순망치한고 합니다. 지금 지백이 두 분 군주와 함께 우리 조씨를 치는 바람에 조씨는 곧 망하게 됐습니다. 조씨가 망하면 다음 차례는 두 분 군주가 될 것입니다."

장맹담의 설득에 한과 위 두 군주는 함께 지백을 치기로 약속한 후 조양자가 군사를 이끌고 정면을 돌파하고 한과 위 두 군주가 지백군의 측면을 공격하였다. 마침내 지백의 군대가 크게 패하고 지백은 사로 잡히고 말았다. 이것으로 지백은 자기 목숨을 잃은 것은 물론 그의 봉토는 셋으로 쪼개 나누어져 천하의 웃음거리가 되고 말았다.

- 《한비자》〈제10편 십과〉

씨와 연합하여 지백을 멸한 후 진나라를 삼분하니 이를 역사에서는 삼가분진三家分晉이라 한다. 이것은 사가들에게 춘추시대와 전국시대를 가르는 분수령으로 꼽히는 사건이다.

생각하기

이야기에 나오는 지백은 중국 춘추시대 잔쯜나라의 6경 중 가장 강력한 집안이었다. 그는 역사상 힘만 믿고 오만하게 굴다 패망한 군주의 본보기로 자주 거론된다. 절제된 힘은 권력이지만 고삐 풀린 권력은 폭력의 다른 이름일 뿐이다. 폭력은 또 다른 폭력을 불러들여 끝없는 투쟁이 계속된다. 비록 작은 힘이라도 그것을 순화시키는 기술을 익혀야 하는 이유이다. 순화된 힘은 상대가 그것을 느끼지 못할 정도로 은밀하고 세련된 것이다. 절제된 힘은 자신에 대항하는 반작용의 입구를 미리 막는다. 자랑하고 싶은 마음을 억누르면 힘은 더욱 커지지만 뽐내는 순간 약해지기 시작한다.

생각을 잃은 힘은 자신의 무게에 의해 무너진다.
반대로 절제된 힘은 신들마저 힘을 솟게 만든다.

— 호라티우스

힘을 가진 당신에게 사람들은 유혹과 아첨의 미소를 동시에 보낸다. 아첨은 적당히 즐기되 유혹은 조심해야 한다. 어쩌다 힘을 잃는 순간 유혹의 미소는 숨겨온 비수를 날린다. 누구나 권력의 달콤함을 맛보고 싶어 한다. 그런데 너무 오랫동안 혼자 즐긴다면 누가 좋아하겠는가? 그 달콤함을 빼앗기 위해 적들은 반드시 뭉칠 것이다. 그러므로 그들이 인내심의 한계를 넘지 않도록 적당히 나누는 지혜가 필요하다. 기왕 나누기로 마음먹었으면 나누는 요령도 알아야 한다. 각자 받은 몫을 서로 알 수 없도록 하는 것이 그것이다. 상대의 몫을 알 수 없는 그들은 자기 몫을 더하기 위해 서로 충성을 다툴 것이다.

권력이 아무리 불가분不可分 불가양不可讓이라고 하지만 독점적 권력이 오래가지 못하는 것은 역사의 교훈이다. 더구나 권력은 일종의 사회적 공기公器이다. 비록 어렵게 차지하였지만 결코 마음대로 할 수 있는 것은 아니다. 오른손에 권력을 쥐었다면 왼손에는 상응한 사명이 주어졌다고 여기라. 양쪽 손이 서로 합장하였을 때 비로소 정당한 권력이 되어 사람들의 복종을 부를 것이다.

하늘이 어떤 사람에게 현성한 재능을 내려준 것이

夫天授人賢聖之材

어찌 혼자만 여유롭게 살라고 한 것뿐이겠는가?

豈使自有餘而已

진실로 부족한 사람들을 도우라고 준 것이리라.

誠欲以補其不足者也

― 한유 《쟁신론》

29
경쟁자의 덫을
조심하라

이야기 1-29-31

위魏나라 왕이 초楚나라 왕에게 미녀 한 명을 선물로 보내오자 초나라 왕은 매우 기뻐하였다. 초나라 왕의 정부인 정수는 왕이 그녀를 무척 아낀다는 것을 알자 마치 자기가 더 그녀를 아끼는 것처럼 행세하였다. 왕비는 의복이며 장신구 등 그녀가 갖고 싶은 것은 모두 해주었다. 어느 날 왕이 정수에게 말했다.

"부인은 새로 온 아이를 나보다 더 아껴주니 이것은 효자가 어버이를 섬기고 충신이 임금을 섬기는 것처럼 아름답구려."

왕이 자기의 투기를 의심하지 않는다고 확신한 정수는 새로 온 미녀에게 말했다.

"왕께서 너를 무척 사랑하지만 한 가지 너의 코를 별로 좋아하지

않은 것 같구나. 왕을 뵐 때 항상 코를 가려라. 그래야 왕의 사랑이 오래갈 것이다."

왕비의 말을 믿은 그녀는 왕을 뵐 때마다 항상 코를 가렸다. 어느 날 왕이 정수에게 말했다.

"부인, 새로 온 아이가 나를 볼 때마다 항상 코를 가리니 왜 그런 것 같소?"

정수는 웃으며 말했다.

"저는 잘 모르겠습니다."

그래도 재차 묻자 정수는 못 이긴 척 대답하였다.

"그 애가 전하의 몸 냄새가 싫다고 말하는 것을 들은 적은 있습니다."

왕은 크게 화내어 말했다.

"그래요? 여봐라! 그 년의 코를 베어라."

물론 정수는 시종에게 왕이 명을 내리면 지체없이 시행하라고 미리 말해 두었다. 시종이 칼을 뽑아 곧바로 미인의 코를 베고 말았다.

- 《한비자》〈제31편 내저설 하〉

생각하기

반복하여 언급하지만 권력 경쟁은 제로섬 게임이다. 그것은 상대를 경쟁에서 밀어내지 않으면 당신이 밀려나는 것을 의미한다. 권력을 다투는 사람들은 이런 권력의 속성을 빌미로 자신의 행위를 정당화하고 다소 무자비한 행동까지 서슴지 않는다. 그런 무자비의 희생이 되지 않으려면 권력의 속성을 잘 이해하고 그에 맞게 몸을 움직여야 한다.

먼저 용의주도한 면밀함을 습득해야 한다. 최대한 조용히 그리고 은밀하게 적을 제압하는 것을 말한다. 어떻게, 무엇 때문에 일이 그렇게 되었는지 도무지 알 수 없도록 하는 것이다. 기만전술은 그 전형이다. 그것은 적은 비용에 비해 효과가 크다는 점에서 꾸준히 애용되어 온 책략 중 하나이다. 제2차 세계대전을 연합국의 승리로 이끈 전환점으로 노르망디 상륙작전은 전쟁 역사상 가장 거대한 규모의 기만전술이었다. 연합국은 독일로 하여금 도버 해협 건너편 칼레Calais를 상륙지점으로 오인하도록 가짜 전차와 비행기를 대량으로 만들어 배치하는 등 철저한 위장과 속임수를 써서 노르망디에서의 전력 손실을 최소화하였다고 한다.

전쟁은 속이는 도道이다. 그러므로 능력이 있으면서 능력이 없는 것처럼 보이고, 쓰면서도 쓰지 않을 것처럼 보이고, 가까운 곳을 보면서 먼 곳을 보는 것처럼 보이고, 먼 곳을 노리면서 가까운 곳을 노리는 것처럼 보이는 것이다.

- 《손자병법》〈시계편〉

기만전술은 그 효과만큼 위험도 크다. 만약 발각되면 지불해야 할 대가 역시 적지 않음을 각오해야 한다. 비열한 사기꾼이란 딱지는 당연하고, 그나마 간신히 유지하던 좋은 평판마저 모조리 반납해야 할지 모른다. 그러므로 기만전술은 완벽한 위장을 전제로 하지 않으면 안 된다.

부비트랩boobytrap은 월남전에서 아군을 가장 많이 괴롭힌 무기였다고 한다. 그것은 외견상 아무런 해가 없어 보이는 곳에 설치하여 건드리는 순간 살상이나 심각한 부상을 가져오는 살상 도구이다. 칭찬처럼 들렸지만 결국 상처를 남긴 상사의 가시 박힌 농담이 그렇고 동료의 작은 배려가 알고 보니 함정이었다는 일화는 일상에서 마주하는 부비트랩들이다. 지붕 위에 올려놓은 후 사다리를 치우거나 좁은 복도에서 다리를 거는 것처럼 좀 더 심각한 것들도 있다.

언제 어느 곳이든 악동은 존재한다. 그러나 그들을 너무 조심하면 앞으로 나아갈 수 없다. 때로는 의도적으로 그들을 무시하며 목표를 향해 전력 질주하는 모습을 보이라. 몸을 아끼지 않고 돌진하는 돈키호테에게 관중은 환호할 것이다. 통로가 비좁은 잠수함에서 일일이 의전을 따지다 보면 비상시 급박한 위기를 헤쳐나갈 수 없다. 그래서 미국의 어느 유명한 해군 제독은 그의 승조원들에게 이렇게 말했다고 한다.

"너희 상관의 다리를 걷어차라. 엉덩이라도 좋다. 작전을 성공으로 이끄는 것은 귀관들의 무례한 용기뿐이다."

30
정보원을
숨겨 두라

이야기 1-30-32

한韓나라의 군주 소후昭候가 사람을 시켜 백성들이 사는 마을을 돌아보고 결과를 보고하도록 했다. 소후가 물었다.
"무엇을 보았는가?"
심부름 간 사자가 대답했다.
"별로 본 것이 없습니다."
"그래도 무언가 보았을 것 아닌가?"
왕이 다그치자 별 것이 아니라고 여기면서 대답했다.
"궁궐 남문 밖에서 누런 송아지가 길 왼쪽의 묘목을 뜯고 있는 것을 보았습니다."
소후가 말했다.

"그것을 함부로 발설하지 마라."

그리고서 영을 내렸다.

"모내기 철에 우마가 남의 밭에 들어가지 못하게 하는 것은 원래부터 있던 법이다. 지금 관리들이 일을 제대로 하지 않아서 우마가 밭에 들어가는 일이 빈번하다 하니 모두 조사하여 보고하라."

이후 마을 세 곳에서 비슷한 일을 조사한 보고서가 올라왔다. 소후는 말했다.

"조사가 제대로 다 되지 않은 것 같구나."

소후의 말을 들은 관리들이 다시 조사하여 남문 밖에서 일어난 누런 송아지의 일을 알게 되었다. 관리들은 소후가 일을 훤히 꿰뚫는 눈을 가졌다고 여겨 모두 그를 두려워하였다. 그리하여 자기 맡은 바 일을 결코 게을리할 수 없었다.

― 《한비자》〈제30편 내저설 상〉

생각하기

가능하면 권력자 주변에 정보원情報員을 숨겨 두라. 그리고 간간히 그가 전하는 고급정보를 주변에 살짝 흘려보라. 놀란 사람들은 당신을 훨씬 힘 있는 사람으로 볼 것이다. 주의할 것은 아무리 졸라도 정보원情報源을 밝히면 아니 된다. 그것이 오리무중일수록 사람들의 궁금증은 더욱 커지고 당신의 일거수일투족에 집중할 것이다.

경쟁자의 속내를 살피는 데 지근거리의 측근을 이용하는 것은 확실히 효과적이다. 더구나 볼품없는 외모나 낮은 지위 때문에 주목받지 못하지만 경쟁자와 심정적 교류가 잦은 사람이면 더욱 좋다. 사람들이 하찮게 여기는 그에게 당신만은 진심이 담긴 손을 내밀어 보라. 뜻밖의 인정에 감동한 그는 경쟁 여부를 떠나 당신을 기꺼이 추종할 것이다. 가까이하기 힘든 사람에게 백 번 매달리기보다 허술하지만 쓸모 있는 손을 한 번 잡아주는 것이 훨씬 수월하고 효과적일 것이다.

솔직하다는 평판을 즐기는 사람들이 있다. 그들은 스스로 숨김없는 사람이라고 치켜세우며 느낌 대로 말하고 행여 기회를 놓칠세라 마구 떠벌린다. 그러나 솔직함이 헤프면 오히려 의심이 생기는 것이 사람의 마음이다. 더구나 가벼운 입 놀림으로 손에 쥔 패를 모두 까발린 당신은 더이상 관심의 대상이 될 수 없다. 아무리 입이 근질거려도 속마음은 깊숙이 숨겨 두는 것이 좋다. 할 말이 있을 것 같은데 침묵을 고수하는 모습은 많은 것을 상상케 할 것이다. 이른바 신비주의 마케팅이 그것이다. 그러나 신비주의가 지나치면 자칫 경원敬遠의 대상이 될 수 있음도 알아야 한다. 대단해 보이지만 가까이하기 어려운 당신에게 사람들은 결코 사랑을 느끼지 않을 것이다.

제2부
리더는 사랑을 구걸하지 않는다

천천히 서둘러라.
대담한 지휘관보다 신중한 지휘관이 되어라.
완벽하게 하는 것이야말로 빨리 하는 것이다.

— 수에토니우스

1
하극상은
역사와 함께했다

이야기 2-1-33

　재상 최저에게 미색이 고운 아내가 있었다. 제齊나라 군주 장공莊公이 그녀와 정을 통하여 자주 최저의 내실에 드나들었다. 어느 날 장공이 최저의 집에 들었을 때 최저의 수하인 가거가 무리들을 이끌고 그를 공격하였다. 장공은 도망하다 붙잡혔다. 왕은 최저에게 그 일을 눈감아 주면 나라를 나누어 주겠다고 하였으나 최저는 듣지 않았다. 묘당에서 스스로 목숨을 끊게 해 달라고 간청하였으나 이것도 들어주지 않았다. 마침내 장공은 달아나려고 북쪽 담장을 넘다 가거가 쏜 화살에 정강이를 맞아 담장에서 떨어지고 말았다. 무리들이 달려들어 창으로 왕을 찔러 죽였다. 그리고 아우인 경공을 왕으로 세웠다.

- 《한비자》〈제14편 간겁시신〉

생각하기

하극상은 무례나 불손을 넘어 있어서는 안 될 금기이다. 그러나 역사적으로 하극상은 그 결말에 따라 운명이 결정되었다. 성공한 쿠데타는 혁명이 되지만 실패하면 반란이 되는 것이 그것이다. 이에 대한 동양고전의 표현은 더욱 극적이다.

신하 되는 자의 죄는 반역에 이르러 그 극에 달한다.
人臣之罪者 至叛而極
성공하면 재상이요, 그렇지 못하면 가마솥에 삶아져 죽는다.
然事克則卿 不克則烹

- 《춘추좌씨전》

때때로 하극상은 기득권을 파괴하고 새로운 역사를 쓰는 원동력이 된다. 마르크스Marx는 인류 역사를 정正·반反·합슴의 원리가 변증법적으로 발전해 온 것이라고 설명한다. 그의 이론대로면 하극상은 변증법적 반反의 한 형태로서 역사발전의 축이며 새로운 역사를 쓰는 원동력이다. 일찍이 맹자는 민심을 떠난 권력은 교체할 수 있다고 주장하며 하극상을 적극 옹호하였다.

맹자가 제나라의 선왕과 정치에 관한 이야기를 나누던 중 제선왕이 묻는다.

"옛이야기에 따르면 상商나라의 탕왕湯王이 주군인 하夏나라의 걸桀 임금을 추방하고, 주나라 문왕이 주군인 상나라 주紂 임금을 토벌했다고 합니다. 그런데 신하 되는 자로서 그의 주군을 죽인 일을 옳다고 할 수 있겠습니까?"

맹자는 조금의 주저함도 없이 대답한다.

"저는 인의를 거역한 필부를 죽였다는 말은 들어보았지만 임금을 죽였다는 말은 듣지 못했습니다."

- 《맹자》〈양혜왕 장구 상〉

당신을 제치고 먼저 승진한 후배에게 분노하면 안 된다. 추월 당하는 것은 결코 유쾌한 경험은 아니지만 그렇다고 특별히 막을 도리도 없다. 어느 날 노쇠한 당신 목에 칼날을 들이대는 후배가 있더라도 그것을 순리라고 여기라. 오히려 더 잔인한 공격을 당하지 않음에 감사하라. 흘러간 물은 다시 물레방아를 돌릴 수 없다. 때가 되면 누구나 흘러간 물이 된다. 역류하는 연어처럼 온몸을 뒤틀

어서라도 물살을 거슬러 오르고 싶은 마음은 굴뚝 같지만 마음뿐이다. 그저 물결 따라 바람 따라 순순히 흘러가는 것이 자연이고 순리임을 알라.

비정하게 들릴지 모르지만 배은망덕을 인간의 속성이라 여기라. 과거의 은덕은 비록 고맙지만 현재는 힘을 잃은 것이며, 과거는 언제나 현재보다 그 빛이 희미하다. 그렇게 보면 영원한 사랑도 용서 못 할 미움도 없다는 말은 진실이다. 오로지 장소와 상황에 맞게 사랑하고 미워할 뿐이다. '브루투스, 너마저!'라고 외쳤던 시저의 울부짖음은 지금도 현재 진행형이다.

> 흘러가는 것은 이 강물과 같지만
> 徐者如斯
> 결코 아주 가버린 적은 없으며
> 而未嘗往也
> 차고 이지러지는 것은 저 달과 같지만
> 盈虛者如彼
> 아주 사라지거나 마냥 커지는 것도 아니다.
> 而卒莫消長也
>
> — 소식 〈전적벽부〉

2
사나운 개가
술을 쉬게 하다

이야기 2-2-34

송宋나라에 술을 파는 자가 있었다. 바가지로 술을 재는 것이 매우 공평하고 손님을 대하는 것이 매우 공손할 뿐 아니라 술을 빚는 솜씨도 좋고 술집 깃발도 매우 높이 매달려 있었다. 그런데 술이 팔리지 않아 그만 쉬고 말았다. 그는 그 까닭을 알 만한 동네 어른 양천에게 사정을 말했다. 이야기를 들은 양천이 말했다.

"자네 집에 혹시 개를 키우는가?"

"예, 그렇습니다. 한데 술이 팔리지 않는 것과 개가 무슨 상관입니까?"

"사람들은 대개 사나운 개를 무서워하지.

혹시 어떤 이가 어린이에게 술을 사러 보냈는데 자네 집 개가 뛰

쳐나와 그 어린이를 물려 하지는 않았을까? 그 개가 아마 술을 쉬게 하는 원인일 것 같네."

- 《한비자》〈제34편 외저설 우상〉

생각하기

　대체로 성공은 원만한 성품만큼 많은 사람들이 도와준 결과이다. 잘 모르거나 친한 사이가 아니면 쉽게 도움을 주지 않는 것은 인지상정이다. 더구나 함께하기 껄끄러운 사람을 돕거나 불러주는 사람은 많지 않다. 그러므로 어울려 일하는 것이 부담스러운 성격은 차라리 혼자 힘으로 할 수 있는 일을 찾는 것이 낫다. 반대로 주변의 도움을 받아 일을 성공시키려면 결코 가까이하기 어려운 성격이 되어서는 안 될 것이다.

> 공을 세우고 사업에 성공하는 사람은 마음이 비고 원만한 사람이 많고
> 일에 실패하고 기회를 잃은 사람은 필경 집착하고 고집이 센 사람이다
>
> — 《채근담》

그럼 사람들이 기꺼이 반기며 가까이하고 싶은 사람은 누구일까? 뛰어난 재주를 가졌지만 주위의 충고에 귀를 기울이는 당신, 막강한 힘을 가졌지만 겸손을 잃지 않는 그런 사람이다. 반대로 맹목적인 오기, 누구도 건드리기 어려운 독선, 타인에 대한 무관심 등 이들은 모두 우리들 마음속에 숨은 맹견들이다. 이들은 끊임없이 당신을 사람들로부터 멀어지게 만든다. 성공을 꿈꾼다면 이들 맹견을 멀리 쫓아내야 한다. 그리고 억지로라도 둥근 미소와 함께 가벼운 농담을 툭툭 건네는 '실없는 친구'가 되길 마다하지 않아야 한다.

> 익살스러운 언어는 날카로운 언어보다
> 훨씬 능숙하게 난제를 공격한다.
>
> — 호라티우스

권력에 가까이 가고 싶으면 사람들과 빈번히 접촉하고 우정을 돈독히 하라. 늘 움직이며 사람들과 섞이는 가운데 권력은 자연스

럽게 형성된다. 아무리 출중한 능력도 마음속 요새에 갇혀 지내는 사람에게는 무용지물이다. 서로 도움을 주고받으라. 적으로부터 당신을 지키는 것은 철통같은 요새가 아니라 당신을 응원하는 사람들이다.

3
동냥은 못 줄망정 쪽박까지 깨서야!

이야기 2-3-35

제나라 중대부에 이야라는 자가 있었다. 그가 어느 날 왕을 모시고 술을 마시다가 심하게 취해서 대궐 밖으로 나와 회랑문에 기대어 쉬고 있었다. 그때 형벌로 발꿈치를 잘려 절름발이가 된 문지기가 그에게 다가와 말했다.

"어르신, 마시다 남은 술이 있으면 불쌍한 저에게 내려주지 않겠습니까?"

이야가 그를 꾸짖으며 말했다.

"썩 꺼져라! 형벌을 받은 자가 어찌 감히 어른에게 술을 구하는가?"

절름발이 문지기는 내달리듯 물러 나왔다. 이야가 떠난 후 문지

기는 회랑 문 밑에 물을 버려 마치 누군가 오줌을 눈 것처럼 보였다. 이튿날 왕이 회랑문을 지나다가 호통을 쳤다.

"누가 여기에 오줌을 누었느냐?"

절름발이 문지기가 대답했다.

"저는 아무것도 보지 못했습니다. 다만 어제 중대부 이야가 이곳에 서 있는 것은 보았습니다."

이 말을 들은 왕은 이야를 베어 죽이라 명했다.

- 《한비자》〈제31편 내저설 하〉

생각하기

원망을 남기지 말라. 비록 작은 것이라도 일단 승리했다면 가장 먼저 할 일은 경쟁자에게 입힌 상처를 치유하는 것이다. 진심으로 그리고 자발적으로 패배를 인정하도록 그를 위로하라. 잠간의 승리에 도취하여 경쟁자를 무시하는 것은 복수를 재촉하는 길이다. 특히 인간적 상처는 두고두고 오래가는 것이므로 어떤 대가를 치르더라도 반드시 치유해야 함을 명심하라.

기쁜 사람은 기쁨의 씨앗을 잊어버리지만,
슬픈 사람은 슬픔의 씨앗을 결코 잊지 않는다.

- 키케로

권력을 경영하는 자에게 후하다는 평판은 매우 중요하다. 구두쇠와 함께 일하기를 좋아하는 사람은 없다. 특히 당신과 차마 가까이하지 못하는 사람들의 평판을 이용하라. 그들은 당신의 작은 성의에 어렵지 않게 감동하는 사람들로서 그들의 평판은 깊고 넓게 퍼지는 속성이 있다. 이른바 밑바닥 민심이 그것이다.

명문 귀족 출신 항우와 별 볼 일 없는 농민 출신 유방이 대결한 초한전楚漢戰에서 마지막 승자는 유방이었다. 벼슬 내리는 것이 아까워 손잡이가 닳을 정도로 관인만 만지작거렸다는 항우에 비해 유방은 아낌없이 퍼주는 리더였다. 그것으로 이미 두 사람의 승패는 결정됐다고 해도 지나친 말은 아니었던 것이다.

약법삼장約法三章

한漢나라 원년 10월 유방은 드디어 다른 제후보다 먼저 진秦나라 수도 함양 부근에 도착하였다. 진나라 황제 자영이 백마가 끄는 흰 수레를 타고 목에는 실 끈을 매고서 투항했다. 자영을 죽이라고 주장하는 장수들에게 유방이 말한다.

"초 회왕께서 이곳에 나를 보낸 것은 내가 본래 관용을 베풀 것이라고 여기셨기 때문이다. 또한 자영이 이미 항복했으니 그를 죽이는 것은 상서롭지 못한 일이다."

유방은 자영을 관리들에게 맡기고 서쪽으로 진군하여 드디어 함양 궁궐에 입성하였다. 유방은 궁궐에 머물면서 쉬고 싶었지만 번쾌와 장량의 진언을 받아들여 궁궐 내 보물과 재물 창고를 모두 봉하게 한 후 패상으로 군대를 철수시켰다. 유방은 패상 근처 여러 현의 원로와 호걸들을 불러 놓고 말한다.

"그동안 진나라의 가혹한 형벌에 고통받고 살아온 지 오래입니다. 나는 약속합니다. 오늘부터 모든 진나라의 법을 폐지하고 오직 세 가지만 남기겠습니다. 살인한 자는 사형에 처하고, 사람을 다치게 한 자와 도적질을 한 자는 해당하는 죄만큼 벌을 받는 것이 그것입니다. 모든 관리와 백성들은 예전처럼 편안히 지내십시오. 내가 여기에 온 것은 여러분을 위하여 폐해를 제거하려는 것뿐입니다. 결코 무엇을 빼앗거나 포악한 짓을 하러 온 것이 아니니 두려워 마십시오."

이 소식을 들은 진나라 백성들은 크게 기뻐하면서 소와 양을 잡고 술과 음식을 군사들에게 나누어 주었다. 그러나 유방은 이들을 모두 사양하고 받지 않았다. 백성들은 더욱 기뻐하면서 오직 유방이 진나라 왕이 되지 않을까 걱정할 정도였다.

- 《사기》 〈한고조 본기〉

4
자기를
보전하는 방법

이야기 2-4-36

여창은 위魏나라 신하이면서 진秦나라뿐 아니라 초楚나라와도 친했다. 그는 진나라와 초나라가 위나라를 치도록 은근히 부추겨서 양국과의 강화를 빌미 삼아 위나라에서 자기의 위치를 더욱 크고 중요하게 만들었다.

백규白圭는 위나라의 재상이고 포견은 한나라의 재상이었다. 백규가 포견에게 말하였다.

"그대가 한나라의 힘으로 위나라에 있는 나를 도와주고 나는 위나라의 힘으로 한나라에 있는 그대를 도와준다면 나는 위나라에서 오래 정사를 맡게 되고 그대는 한나라에서 그렇게 될 것이오."

— 《한비자》〈제31편 내저설 하〉

생각하기

지난 직장생활을 뒤돌아보면 적지 않은 임직원들이 자신의 입지를 위해 회사에 유·무형의 손해를 끼쳤던 것을 기억한다. 심한 경우 그것을 회사의 이익으로 포장하거나 자신의 희생으로 미화시키기도 하였다. 다른 한편으로 회사는 다수의 생존을 명분으로 애매한 직원들을 희생양으로 삼는 짓을 서슴지 않았던 것도 기억한다.

이 상황에서 당신은 얼마나 회사에 충성해야 하며 또 회사는 당신을 어디까지 보듬어야 할까? 얼른 대답하기 어려울 것이다. 식상하고 진부한 줄 알지만 지나치게 회사를 믿거나 사랑하지 말라고 조언하고 싶다. 대등한 관계로 맺은 것이 아니면 대부분의 사랑은 짝사랑에 그쳐 감정만 크게 소모할 뿐이다. 쉽지 않겠지만 회사든 누구든 필요한 만큼 사랑하고 또 미워할 줄 알아야 한다.

옛말에 '선비는 자기를 알아주는 사람을 위해 목숨을 바치고, 여인은 사랑하는 사람을 위해 화장을 고친다'士爲知己者死 女爲說己者容 《사기》고 하였다. 회사에 바치는 헌신과 충정도 그 가치를 온전히 인정받을 때 비로소 의미가 있다. 칭찬과 인정에 인색한 회사라면 허구한 날 원망 속에서 세월을 허비하는 것보다 차라리 새로운 인연을 찾는 것이 낫다. 오늘 이곳에 쓸모가 없다고 내일 저곳도 마찬가지라고 할 수 없다. 상황과 상대가 바뀌면 언제 어떤 일이 일어날지 알 수 없는 것이 인생사이다. 오직 자신에 대한 확고한 믿음과 그것을 뒷받침하는 실력이 관건일 뿐이다.

특정 상사나 경영자에 올인하는 것을 회사에 대한 충성으로 오인하는 직장인들이 많다. 회사는 법적 인격체지만 그 실체는 결국 사람임을 감안하면 수긍하지 못할 바는 아니다. 그러나 그것은 통상 상당한 리스크를 수반하는 것을 잊지 말라. 어쩌다 '나는 사람에게 충성하지 않는다'는 한마디로 대통령 자리까지 오른 검사도 있지만 우리 모두가 그처럼 운이 좋은 것은 아니다. 굳이 할 것이면 특정인보다 특정 단체에 의탁하는 것이 현명해 보인다. 단체는 더 영속적이고 변덕을 덜 부리는 점에서 보다 믿을 만한 보험 상품이 될 것이다.

5
몸값에 걸맞은
대우를 요구하라

이야기 2-5-37

　진秦나라와 한韓나라가 연합하여 위魏나라를 치려고 하자 소묘는 서쪽으로 유세하여 진·한 연합을 깨뜨렸고, 제나라와 초나라가 연합하여 위나라를 치려 하자 그는 동쪽으로 유세하여 제·초 연합을 저지하였다. 위나라 양왕이 그에게 곡식 다섯 수레의 영지와 장군 직책을 주어 그의 노고를 치하하였다. 소묘가 말했다.

　"백이[19]가 장군의 예로서 수양산 기슭에 묻히자 세상 사람들이

19　백이伯夷: 고대 중국 은나라 말에서 주나라 초에 살았던 의인. 고죽국의 왕자로 태어났으나 왕위를 동생 숙이에게 양보하려 하였다. 숙이 역시 왕위를 받지 않았으며 두 형제는 수양산으로 숨어들어 죽어도 주나라의 곡식은 먹을 수 없

말하기를 '저 백이를 의롭고 어질다고 칭송하면서 겨우 장군의 예로서 장사 지내는 것은 그 예가 그의 손발조차 제대로 덮을 수 없는 것이다'라고 하였는데, 금번 제가 네 나라의 연합을 깨뜨렸는데 왕께서 겨우 곡식 다섯 수레의 영지를 주셨으니 이것을 제가 세운 공과 비교하면 마치 커다란 이익을 남긴 장사치가 겨우 짚신을 신는 것과 같습니다."

- 《한비자》〈제33편 외저설 좌하〉

생각하기

직장인이 몸값을 제대로 인정받는 것은 상인이 자기 물건을 제값에 파는 것과 같다. 자신이 가진 비교우위를 잘 파악하고 홍보하여 제값을 받는 것은 성공으로 향하는 길의 첫 번째 관문이다. 그러나 자신이 어떤 재능의 소유자이며 얼마큼 비교우위를 갖고 있

다 하여 고사리만 꺾어 먹다 결국 죽었다고 한다. 사마천은 〈백이숙제 열전〉을 《사기》〈열전〉편의 맨 앞에 올려놓았으며, 송대의 대문장가 한유 역시 〈백이송伯夷頌〉을 남기는 등 백이와 숙제는 후세 사람들에게 의인의 표상으로 추앙받았다.

는지 알고 있는 직장인은 많지 않은 것 같다. 더구나 제대로 된 몸값을 흥정하는 것은 고사하고 싸구려 취급을 받고서도 오히려 무덤덤한 반응을 보이는 경우가 많다. 그러나 요즘같이 이직이 일상화된 노동시장에서 나의 몸값은 내가 정할 뿐 누구도 대신할 수 없다. 능력을 속이거나 경력을 세탁하라는 뜻은 아니지만 자신을 좀 더 과감하게 내세우는 배짱이 있어야 할 것 같다.

그렇게 말하면 갑을 관계의 냉엄한 직업현실을 외면한 순진한 발상이라고 웃을지 모르지만 어차피 갑을 관계는 고정된 것이 아니다. 목적을 달성하기 위해 을의 자리를 자처하는 갑을 만나는 것은 그리 어렵지 않다. 춘추시대 제齊나라 환공桓公은 자기를 죽이려 했던 관중管仲의 재능을 높이 사서 오히려 재상으로 등용하였으며, 삼국시대 촉한蜀漢의 유비는 제갈량을 맞이하려 삼고초려三顧草廬[20]를 마다하지 않았다. 갑과 을의 위치는 필요와 의지의 경중에 따라 얼마든지 바뀔 수 있음을 알 수 있다. 문제는 자신의 몸값을 얼마나 어떻게 더 높이 올릴 수 있는가에 있을 뿐이다.

---

20 삼고초려三顧草廬: '오두막을 세 번 찾아가다'로 풀이되는 고사성어. 후한 말, 위魏·오吳·촉蜀 삼국이 패권을 다투던 시기에 촉한의 유비劉備가 제갈량諸葛亮의 초가를 세 번 찾아가 간청하여 마침내 제갈량을 군사軍師로 맞아들인 일을 말한다.

> 복을 주는 신이 한 번 더 분별력을 발휘해 모든 인간에게 평등한 은혜를 베푼다면 인간의 기술은 누구도 돌아보지 않는 것이 될 것이다.
> – 아리스토파네스

일단 몸값을 어느 정도 올리는 데 성공했다면 다음은 그것을 유지하고 고수하기 위한 전략을 짜야 한다. 한 번 오른 몸값이 그대로 계속될 것이라고 믿는 것은 착각이다. 알다시피 '가격의 하방경직성'下方硬直性은 경제학 교과서에 실린 하나의 이론일 뿐이다.

6
상과 벌은
한 몸의 두 얼굴

이야기 2-6-38

어느 날 송宋나라의 재상 사성자한司城子罕이 송나라 군주에게 말했다.

"칭찬하고 상을 주는 일은 백성들이 좋아하는 일이니 군주께서 몸소 시행하시고, 죽이고 벌주는 일은 백성들이 싫어하는 일이니 제가 담당하기를 청합니다."

그날 이후 백성을 죽이거나 대신을 벌하는 일이 생기면 송나라 군주는 '자한과 의논하라'고 하였다. 일 년쯤 지나자 백성들은 자기가 죽고 사는 것은 자한에게 달려 있다는 것을 알게 되었고 온 나라 백성들이 그에게 의지하게 되었다. 그리하여 자한은 송나라 군주를 겁박하여 정사를 가로챘으나 법으로도 그것을 막을 수 없었다.

– 《한비자》〈제35편 외저설 우하〉

생각하기

어떤 조직을 운용하든 상벌제도는 필수 장치이다. 상벌의 핵심은 인사권이다. 승진과 강등, 포상과 징계, 전보와 해임 등 조직 구성원의 신상에 영향을 미치는 일체의 행위가 그것이다. 리더는 상벌제도의 목표를 확실히 정하고 그것에 부합하도록 상과 벌을 시행한다. 그리고 누구나 인정할 수 있는 객관적 성과에 따라야 하는 것은 당연하다. 만약 상벌이 자의에 흘러 객관성을 잃으면 그 효과는 크게 손상되고 누구도 열심히 하려 들지 않을 것이다.

상은 조직 구성원에게 동기유발을 담보하는 수단이며, 벌은 그들의 일탈을 제어하는 브레이크 장치와 같다. 둘은 수레의 양 바퀴와 같아 하나가 제대로 작동하지 않으면 다른 하나의 역할도 기대하기 어렵다. 리더는 상벌제도를 활용하여 부하들의 사기를 진작하며 아울러 그들을 통제할 수 있다. 만약 상과 벌을 주는 것 중 하나를 포기할 수밖에 없으면 어떻게 해야 할까? 상을 주는 권한은 포기할지라도 벌을 내리는 권한을 버려선 안 된다. 왜냐하면 상으

로 받는 이익이나 혜택은 어렵지 않게 단념할 수 있지만 지금까지 누려 온 것을 포기하기는 쉽지 않기 때문이다. 그것은 곧 상을 더 주는 것보다 벌을 덜 주는 관리방식이 효과적임을 뜻한다. 벌을 덜 주면 자비롭다는 평판을 얻을 것이다. 그러나 상을 더 주지만 벌을 줄이지 않으면 잔인하다는 평가를 면치 못할 것이다.

송나라에 원숭이를 키우는 저공이란 사람이 있었다. 그런데 원숭이의 수가 늘어남에 따라 원숭이 먹이인 도토리 알을 구하기가 쉽지 않았다. 어느 날 저공은 원숭이 무리들을 모아 놓고 말했다.
"이제부터 도토리를 아침에 세 알, 저녁에 네 알씩 주겠다."
이 말을 들은 원숭이들은 모두 못마땅해하며 떠들어 댔다. 그러자 저공은 하는 수 없다는 듯 말했다.
"그럼 아침에 네 알, 저녁에 세 알을 주겠다."

이 말을 들은 원숭이들은 고개를 끄덕이며 좋아하였다고 한다.

- 《장자》〈제물론〉

7
새는 술잔은
물도 담을 수 없다

이야기 2-7-39

어느 날 내신 당계공이 소후[21]에게 말했다.

"여기 천금의 옥으로 만든 술잔이 있습니다. 만약 그 술잔의 밑이 빠졌다면 물을 담을 수 있겠습니까?"

"그럴 수 없겠지요."

---

21 소후昭侯: 중국 춘추전국시대 한韓나라의 제후. 매우 소심한 인물로 자주 거론된다. 이 이야기 외에 낡은 바지에 얽힌 일화도 유명하다. 소후가 시자에게 낡은 바지를 잘 간수하라고 이르자, 시자가 "어째서 좌우 신하에게 주시지 않고 간수하려 하십니까?"라고 물었다. 소후는 "내가 들으니 현명한 군주는 이마를 찌푸리는 일, 웃는 것 하나까지도 아낀다고 한다. 나는 그 바지를 남겨두었다가 공을 세우는 사람에게 주겠다"고 대답하였다.

"여기 밑이 새지 않는 질그릇이 하나 있는데 술을 담을 수 있겠습니까?"

"그야 그렇지요."

당계공은 말했다.

"질그릇은 참으로 볼품없는 것이지만 밑이 새지 않으면 술도 담을 수 있습니다. 천금의 옥으로 만든 술잔은 참으로 귀한 것이지만 밑이 새는 것이면 물도 담을 수 없는데 그것에 누가 장을 붓겠습니까? 만약 군주가 신하들과 나눈 말을 누설하면 그것은 밑이 새는 옥 술잔과 같은 것입니다. 성인의 지혜를 가진 신하일지라도 자기의 재주를 선뜻 내보이지 않는 것은 누설의 위험 때문입니다."

"옳은 말이오."

소후는 당계공의 말을 들은 후부터 큰일을 결정할 때 홀로 자지 않은 적이 없었으니 잠꼬대라도 하여 다른 사람이 알게 될까 두려웠기 때문이다.

— 《한비자》〈제34편 외저설 우상〉

생각하기

아무리 황금으로 만든 술잔이라도 그 밑이 샌다면 술은커녕 물도 담을 수 없다. 마찬가지로 아무리 지위가 높아도 비밀을 지키지 않는 리더는 믿고 따라가기 어렵다. 신부나 목사에게 죄를 고백하는 것은 결코 누설하지 않을 것이라고 믿기 때문이다. 그런데 입이 가벼운 리더를 무엇을 믿고 추종하겠는가? 입을 가벼이 하지 않는 것은 누구나 중요한 덕목이지만 조직의 리더는 한층 더하다.

일은 비밀로 성공하고
事以密成

말은 누설로 실패한다
語以泄敗

– 《한비자》

비밀이라고 말하는 것을 너무 믿지 말라. 그 내용이 중요하고 은밀할수록 자랑하고 싶은 마음은 더 커지기 마련이다. 그래서 '당신만 알라'는 비밀도 알고 보면 이미 비밀이 아닌 것이 대부분이다. 비밀을 지킨다는 약속처럼 쉽게 깨지는 것도 없다. 대개 우정과 신의는 비밀을 나눔으로써 오히려 깨지는 경우가 많다. 우정을 믿어 비밀을 나누는 것은 자기를 비밀의 인질로 삼는 짓이다. 친구의 비밀을 알려 하지 말고 당신의 비밀도 말하지 않는 것이 최선의 정책이다.

중국 춘추전국시대의 사람 감무甘茂는 진秦나라 재상으로 혜왕惠王을 보필하였다. 혜왕은 대부 공손연公孫衍을 총애하여 어느 날 그에게 이렇게 말했다.

"과인은 그대를 장차 재상으로 삼으려 하오."

감무의 측근 하나가 이 말을 엿듣고서 감무에게 그대로 보고하였다. 다음날, 감무가 입궐하여 왕에게 말했다.

"왕께서 현명한 재상을 얻으셨다 하니 삼가 경하드립니다."

왕은 짐짓 놀라면서도 차분히 말했다.

"과인은 그대에게 나라를 맡기고 있는데 어찌 다른 재상을 얻었다 하는 것이오?"

감무가 왕의 눈치를 살피며 살짝 되묻는다.

"장차 서수공손연의 호를 재상으로 삼으려 하지 않습니까?"

왕은 속마음을 들킨 것 같아 들어가는 소리로 말했다.

"어디서 그것을 들었는가?"

"서수가 저에게 일러주었습니다."

자기의 말이 누설된 것에 화가 난 왕은 마침내 공손연을 쫓아내고 말았다.

― 《한비자》〈외저설 우하〉

8
공功은
나눌 수 없다

이야기 2-8-40

왕량과 조보[22]는 천하의 뛰어난 말몰이꾼들이다. 그러나 왕량에게 왼쪽 고삐를 쥐고서 말을 몰게 하고, 동시에 조보로 하여금 오른쪽 채찍을 잡아 말을 몰도록 하면 말은 십 리도 제대로 달리지 못할 것이다. 두 사람이 한 마리의 말을 서로 다른 방향으로 몰려 하기 때문이다. 전연과 성규는 천하의 빼어난 거문고 연주자들이다. 그러나 전연에게 거문고 윗줄을 타게 하고 성규에게 아랫줄을

---

22 왕량王良과 조보造父; 왕량은 춘추시대에 말을 잘 타고 수레를 잘 몰던 사람이며, 조보는 주나라 목왕 때 말을 잘 타던 사람이다. 두 사람 모두 말과 수레의 명인으로 이름 높았다. 《맹자》〈등문공 하〉에서 이들에 대한 언급을 찾을 수 있다.

타게 하면 음악은 연주될 수 없다. 이 역시 거문고 하나를 두 사람이 함께 연주하기 때문이다.

― 《한비자》 〈제35장 외저설 우하〉

생각하기

동시에 성립할 수 없는 두 가지를 모순矛盾이라 한다. 최고나 최상이 둘이 될 수 없고 하나는 그다음이어야 하는 이치이다. 권력의 세계는 가장 극명한 예이다. 권력은 부자父子 사이도 나눌 수도 양보할 수도 없다는 말은 결코 과장이 아니다. 권력을 향한 인간의 욕망은 끝이 없으니 아무리 부자 사이라도 어쩔 수 없는 모양이다.

권력과 유사한 개념으로 권한權限이 있다. 그것은 권력과 가끔 혼용되기도 하지만 엄연히 다른 개념이다. 권한은 권력을 통제할 목적으로 위계를 정하여 그것을 서열화한 것이다. 그러므로 권한은 양립할 수 없는 것은 아니다. 아무리 그렇더라도 동일한 위계에 속한 권한을 동시에 부여하는 것은 권력의 속성을 망각한 우둔한 짓이다. 두 사람에게 지휘권을 나누어 주면서 상호 협력하여 잘 하라는 따위가 그것이다. 두 지휘자가 힘을 합하고 지혜를 모으면 일이 잘될 것 같지만 대부분 그것은 착각에 불과하다. 한순간도 욕망과 질투를 벗어나기 어려운 인간에게 진심 어린 협력을 요구하는 것은 오히려 위선을 조장하는 것이 아닐까.

인간과 권력의 속성을 아는 리더는 부하들에게 어색한 동거를 강요하지 않는다. 오히려 상호 간 경쟁과 긴장을 유도하여 충성을 담보하고 생산성을 높이는 관리방식을 택한다. 그럼에도 불구하고 굳이 두 사람의 협동을 요구하는 리더의 속뜻은 무엇일까? 그것은 대개 한쪽 손만 드는 것이 부담스럽거나 아니면 누구에게도 욕먹지 않으려는 소심함 때문이다. 자칭 전문가 그룹 사이의 협업은 더욱 어렵다. 그런 그들에게는 어려운 협업을 요구하기보다 차라리 '각자의 것을 각자에게' 맡기는 것이 낫다. 자기 몫에 최선을 다하면 그것의 총화로서 조직은 최대의 성과를 얻을 것이다.

> 부를 좋아하는 사람은 녹봉을 양보하지 못하고,
> 드러나기 좋아하는 사람은 명예를 양보하지 못하며,
> 권력을 가까이하는 자는 남에게 권한을 주지 못하고,
> 붙잡으면 놓칠까 두려워하고 잃으면 슬퍼한다.
>
> — 《장자》〈천운〉

9
사랑도 우정도 구걸하지 말라

이야기 2-9-41

전국시대 진나라 양왕 때 일이다. 진의 낭중 염알과 공손연이 왕에게 말했다.

"군주께서는 요堯임금이나 순舜임금보다 더 낫습니다."

왕이 놀라 물었다.

"무슨 말인가?"

"요·순 임금 때도 백성들이 임금을 위해 기도를 올린 적이 없습니다. 그런데 이번에 군주께서 병이 나자 백성들이 소를 잡아 쾌유를 기도하였고 병이 낫자 또 소를 잡아서 하늘에 보답하고 있습니다. 그래서 군주께서 요임금과 순임금보다 낫다고 감히 아뢰는 것입니다."

이 말을 들은 왕은 그것이 어느 마을에서 벌어진 일인지 알아본 후 그 마을의 이장과 수비군 우두머리에게 갑옷 두 벌을 벌금으로 내게 했다. 염알과 공손연은 겸연쩍어 감히 다른 말을 할 수 없었다. 그로부터 얼마 후 술자리에서 한창 취흥이 돌 무렵 두 신하가 왕에게 입을 열었다.

"지난번에 저희가 군주께 요·순 임금보다 낫다고 말씀드린 것은 결코 아첨하는 말이 아니었습니다. 그런데도 마을 이장과 수비군 우두머리에게 벌금을 내게 하셨으니 저희는 참으로 이해할 수 없습니다."

왕이 말했다.

"그대들은 진정 모르는가? 백성들이 나에게 복종하는 이유는 내가 그들을 사랑하기 때문이 아니라 내가 권세로서 복종하게 만들기 때문이 아닌가. 내가 만약 권세를 내려놓고 저들과 터놓고 지낸다 칩시다. 내가 어쩌다 저들을 사랑하지 않으면 저들은 나에게 결코 복종하지 않을 것이니 그래서 나는 백성을 사랑으로 다스리는 것을 끊고자 하는 것이다."

- 《한비자》〈제35편 외저설 우하〉

생각하기

사람들은 대개 두려움보다 사랑의 대상이 되길 더 원하는 것 같다. 겉으로 강해 보이는 사람일수록 그런 마음은 더욱 깊어 보인다. 그러나 사랑이든 우정이든 그들은 상응한 대가를 요구하는 경우가 많다. 상사의 동정을 구한다면 어쩌면 당신의 조종간을 그에게 헌납해야 할지 모른다. 부하들로부터 칭찬받는 것 역시 합당한 반대급부를 지불해야 할지 모른다. 결국 대상이 누구든 동정이나 사랑을 구하는 것은 그 동기와 상관없이 당신의 권력을 약화시키는 요인이 될 수 있다. 다소 삭막하게 느낄지 모르지만 조직에서 성장하려는 회사 인간의 처신이 장삼이사張三李四와 달라야 하는 것은 당연하다. 설익은 감상에 섣불리 휘둘리지 않고 언제나 담담淡淡하게 처신하는 당신이어야 한다.

우리의 재앙은 빈곤과 사랑,

빈곤은 오히려 견디기 쉽지만, 시프리스의 불[23]은 견디기 어렵다.

- 미상

---

23 시프리스의 불: 시프리스는 아프로디테를 가리키고 불은 아프로디테가 사람의 마음속에 타오르게 만든 사랑의 감정을 가리킨다.

 상대가 내미는 동정이나 질투에 의도적으로 둔감해 보이라. 과민한 반응이나 일희일비하는 것은 자칫 당신의 의지와 신념이 허약하다는 신호로 읽힐 수 있다. 반대로 필요 이상으로 남의 눈총을 의식하는 것도 문제이다. 그런 사람일수록 남들이 자기를 주목하고 있다고 여긴다. 그것이 심하면 이른바 '관종'이 될 수 있다. 그러나 주변을 유심히 살펴보라. 모두 자기들 인생살이에 바쁠 뿐 남일에 관심을 두는 사람은 생각만큼 많지 않음을 알 것이다.
 정작 그들의 시선을 끄는 것은 당신이 쥐고 있는 '당근과 채찍'의 크기와 향방이 아닐까. 그러나 영리한 당신은 섣불리 손바닥을 펴 보이지 않는다. 오히려 순식간에 가면을 바꿔 쓰는 경극 배우처럼 때로는 웃는 얼굴을, 때로는 아귀처럼 냉혹하게 손사래 친다. 모호하고 종잡을 수 없는 행동은 사람들을 더욱 허둥거리게 하고 당신의 존재는 더 커 보일 것이다.

10
자기 머리는
자기가 못 깎는 것

이야기 2-10-42

관중과 포숙[24]이 서로 말하였다.

"군주가 더욱 난잡해지고 있으니 반드시 오래가지 못할 것이네. 지금 왕자 중에 보좌할 만한 사람은 규糾 아니면 소백小白 왕자뿐일세. 자네와 내가 각각 한 사람씩 모시다가 먼저 왕이 되는 쪽이 다른 쪽을 거두어 주기로 하세."

---

24 관중管仲과 포숙鮑叔 : 춘추시대 제齊나라의 정치가들로서 어렸을 적부터 우애가 깊었으나 서로 다른 주군을 섬기면서 대립하게 되었다. 이야기처럼 관중은 죽을 처지에 빠지게 되었으나 오히려 포숙의 천거로 제나라의 재상이 되어 제 환공齊桓公을 춘추오패春秋五覇(춘추시대의 5대 강국)의 첫 번째로 세울 수 있었다. 이들의 우정은 '관포지교管鮑之交'라는 고사성어로 유명하다.

관중은 자규를 따랐고 포숙은 소백을 따라 각각 노나라와 거나라로 몸을 피하였다. 얼마 후 제나라 사람들이 군주를 시해하였다. 우여곡절 끝에 포숙이 모시던 소백이 먼저 도성에 입성하여 군주가 되었다. 반면 노나라에 있던 관중은 죄인이 되어 포승에 묶여 제나라로 보내졌다. 그러나 포숙이 환공을 설득하여 관중은 제나라의 재상이 되었다.

옛말에 이르길 '무당이 비록 주술에 능했으나 그 자신의 재앙을 없애지 못했고, 명의 편작은 남의 병은 잘 고쳤으나 자기 몸에 침을 놓지 못하였다'고 한다. 관중의 뛰어난 재주도 포숙의 도움이 있었기 때문에 그 진가를 발휘할 수 있었다. 속담에 이르길 '노예가 스스로 가죽옷을 팔려고 하나 팔리지 않을 것이오, 선비가 스스로 언변이 좋다 하여도 믿는 이가 없다'는 말이 바로 그것이다.

– 《한비자》 〈제23편 설림 하〉

생각하기

'인간은 사회적 동물이다'라는 말을 굳이 빌리지 않더라도 사람은 한 몸으로 태어난 샴쌍둥이처럼 서로 의존하지 않으면 살 수 없는 존재가 분명하다. 누구의 간섭도 받지 않고 누구에게도 의존하지 않는 삶은 애초에 불가능하다. 그러나 사람은 때로 그런 숙명

같은 것을 거부하고 싶은 때가 있다. 가능하면 남에게 부탁하지 않고 혼자서 어려움을 해결하려 애쓰는 모습이 그것이다. 그러나 남의 도움을 받지 않는 것은 되돌려 줄 것도 없는 외로운 삶을 의미한다.

부탁할 일이 있으면 부탁할 줄 알아야 한다. 거절당할까 두려워 말조차 꺼내지 않는 사람들이 많다. 그러나 어떤 부탁이든 사람에 따라 쉬울 수도 어려울 수도 있다. 사물은 보는 관점과 입장에 따라서 얼마든지 달리 보일 수 있기 때문이다. 또한 사람은 누구나 어느 정도 자비심을 갖고 있다. 부탁은 내재된 자비심을 자극하는 것으로서 반드시 거부당할 것이라고 단정할 수 없다. 부탁하는 것도 기술이 필요하다. 지나치게 계산적으로 접근하는 것보다 순수한 마음으로 호의를 베풀도록 유도하라. 자신이 관대하다는 평판을 듣고 싶은 마음을 이용하는 것이다. 부탁할 때를 잘 고르라. 기분 좋은 날이면 호의가 용솟음치겠지만 그렇지 않으면 다음 기회로 미루라.

가진 재주를 손수 팔러 다니는 것은 자칫 싸구려를 파는 것 같아서 그다지 좋은 모습은 아니다. 서로 몰라서 그럴 뿐 당신을 필요로 하는 사람은 분명히 있다. 헤드헌터 같은 중개업소를 찾는 것이 좋겠지만 예상 못 한 행운이 올 수도 있다. 필자의 경험이지만 평소 대수롭지 않게 여기던 지인의 도움으로 아주 어렵던 시기를 무사히 넘겼던 기억이 있다. 세상은 알 수 없는 재주를 가진 사람들이 의외로 많다. 그들의 재주를 알아보고 빌릴 수 있으면 손수 자신을 팔러 다니는 수고는 충분히 덜 수 있다. 다양한 종류의 사람들과 소통하고 우정을 쌓는 노력이 필요한 것은 그런 이유이다.

숱하게 많은 놀라움 중에
인간보다 더 놀라운 존재는 절대로 없다.

- 소포클레스

11
확실한 것이
반드시 좋은 것은 아니다

이야기 2-11-43

제나라에 왕을 위해 그림을 그리는 화공이 있었다. 어느 날 왕이 그에게 물었다.

"그림을 그릴 때 무엇이 가장 그리기 어려운가?"

"개와 말이 그리기 어렵습니다."

"가장 그리기 쉬운 것은?"

"귀신이 가장 쉽습니다."

"왜 그런가?"

"개와 말은 사람들이 잘 아는 것입니다. 아침저녁으로 바로 앞에서 볼 수 있기 때문에 아무리 잘 그려도 똑같게 그렸다고 하지 않습니다. 그래서 어렵습니다. 귀신은 형체가 없는 것이고 바로 앞에

서 볼 수 있는 것도 아닙니다. 그래서 오히려 그리기 쉽습니다."

- 《한비자》〈제32편 외저설 좌상〉

생각하기

 직장생활을 하다 보면 각양각색의 인간상을 만날 수 있다. 그들 중 매사에 유독 확실한 것을 강조하는 성격이 있다. 이들은 이른바 '딱 부러지는 성격'의 소유자로 세상을 선과 악, 정의와 불의, 내 편 아니면 네 편과 같이 둘로 나누는 성향이 강하다. 그들은 옳다고 여기는 것은 어지간한 비난도 아랑곳하지 않지만 그르다고 여기면 기어코 응징하려 달려든다. 매사에 두루뭉술하면서 이른바 '누이 좋고 매부 좋다'는 속담을 삶의 원칙처럼 여기는 사람도 있다. 그들은 어차피 흙먼지로 뒤덮인 세상인데 혼자 발버둥 쳐도 소용없으니 적당히 타협하며 사는 것을 인생의 지혜로 여기는 부류이다.

당신은 어느 편인가? 앞사람은 얼핏 시원스럽고 강력한 이미지를 보이지만 자칫 스스로 무덤을 파는 상황을 만들기도 한다. 뒷사람은 세상을 나름 잘 사는 것처럼 보이지만 줏대 없는 요령꾼이라는 평판을 피하기 어렵다. 누가 더 바람직스러운가 묻는 것은 마치 어린아이에게 아빠와 엄마 중 하나를 선택하기를 강요하는 것만큼 난센스이다. 세상을 사는 데 두 인간상은 각자 직분이 따로 있는 것 같다. 다만 현실에서 보는 인간상은 각자 처한 상황과 서 있는 위치에 따라서 매트릭스matrix처럼 다양한 모습을 나타낼 뿐이다.

굴원屈原[25]이 조정에서 쫓겨나 강변을 거닐 때 지나가던 어부가 물었다.

"당신은 삼려대부三閭大夫의 귀족이 아니신가? 그런데 어찌 그리 초췌하신가?"

---

[25] 굴원屈原: 중국 전국시대 초楚나라의 정치가이자 문학가. 어릴 적부터 학식이 뛰어나 초회왕楚懷王의 총애를 받았으나 권력투쟁으로 정적에 밀려나면서 그 울분을 유명한 〈이소〉 작품에 담아냈다. 당시 초나라는 진나라와의 외교 문제로 국론이 분열되어 있었는데, 굴원은 장의張儀의 연횡책連衡策에 반대하다 다시 실각한 후 강촌을 떠돌다 멱라강에 투신하여 죽었다고 전해진다. 그때 지은 작품이 〈어부사〉이다.

굴원이 대답했다.

"세상이 모두 흐린데 나만 혼자 맑고, 세상이 모두 술에 취했지만 나만 혼자 깨어 있어서 이렇게 되었다오."

어부가 말했다.

"성인은 사물에 얽매이지 않고 세상과 더불어 사는 것이라 하였소. 세상이 흐렸거든 진흙탕 물이라도 흔들 것이며, 세상이 모두 취했으면 찌꺼기 술이라도 마실 일이지 어찌 혼자 높고 고상하여 쫓겨나게 되었다는 말이오?"

굴원이 말했다.

"내가 들으니 새로 목욕한 사람은 반드시 그 옷을 털어 입고 새로 머리를 감은 자는 반드시 그 갓을 떨쳐 쓰라 하였소. 그처럼 몸을 깨끗이 하고서 어찌 더러운 것을 받아들일 수 있겠소? 차라리 강물에 빠져 물고기의 밥이 될지언정 흰 무명처럼 깨끗한 몸으로 세속의 먼지를 모두 뒤집어쓸 수는 없소이다."

굴원의 말을 들은 어부는 빙그레 미소를 지었다. 그리고 노를 저어 떠나면서 노래하였다.

"창랑의 물이 맑으면 나는 내 갓끈을 빨 것이오,
창랑의 물이 흐리면 나는 내 발을 씻으리라."

- 굴원 〈어부사〉

12
무임승차를
막으려면

이야기 2-12-44

제나라 선왕[26]은 사람을 시켜 피리를 불게 하면 반드시 수백 명이 한꺼번에 불도록 하였다. 그러자 도성의 남쪽 성곽 아래 사는 처사들이 왕을 위해 피리를 불겠다고 모두 나섰고 왕은 기뻐하면서 창고를 열어 많은 곡식을 내렸다. 선왕이 죽고 민왕이 즉위하자 민왕은 한 사람씩 부는 피리 소리를 더 좋아하였다. 그 말을 들은

---

26 제선왕齊宣王(B.C. 319-B.C 301년 재위): 중국 전국시대 전제田齊의 제5대 임금. 부국강병을 꾀하면서도 학궁學宮을 설치하고 학자를 초빙하여 강학講學과 토론하기를 좋아했다. 맹자孟子가 천하를 주유할 때 제선왕을 만난 이야기를 《맹자》〈양혜왕 7장〉에서 볼 수 있다.

처사들은 하나둘씩 모두 도망치고 말았다. 또 이런 이야기도 있다. 한나라 소후가 말하길 "피리부는 자들이 너무 많다. 나는 누가 잘 부는지 알 수 없다"고 하였다. 전엄이 대답하길 "한 사람씩 들어보십시오."라고 하였다.

- 《한비자》〈제30편 내저설 상〉

생각하기

협동은 단순한 합이 아니다. 단순 합 이상의 시너지가 협동의 장점이다. 그러나 협동은 개별적 우월성을 헤아릴 수 없어서 무임승차의 여지를 남긴다. 무임승차는 조직 측면에서 보면 불평과 불만의 원인이며 공평 측면에서도 비도덕적이다. 남이 짊어져야 할 짐을 당신 등에 더 얹히는 꼴이니 그렇다. 그러므로 구성원들의 불평불만을 잠재우려면 무임승차를 막는 방법을 강구해야 한다. 각자의 책임 소재가 확실히 드러나도록 업무를 분장하는 것이 그 첫째요, 책임의 경계를 무단으로 침입하는 무임승차자를 반드시 응징하는 것이 그 둘째이다.

그런데 무임승차는 항상 무조건 거부되어야 할 악행일까? '권력은 총구에서 나온다'는 마오쩌둥毛澤東 1893-1976의 말처럼 현실은 생각보다 비정하고 냉혹한 것이 사실이다. 그렇다면 살아남기 위해 벌이는 가벼운 무임승차마저 비난하는 것은 오히려 비현실적이지 않을까. 달리는 경쟁 열차에서 일단 하차하면 그다음은 의미가 없다. 차라리 무임승차라도 감행하여 살아남는 것이 우선일 수 있다. 용서를 구하든 대가를 치르든 그것은 살아남은 다음 일이기 때문이다. '구차한 생존이 의로운 죽음 못지않다'는 말은 그런 의미에서 되새겨 볼 만하다.

목적을 달성하기 위해 때로는 주변을 이용할 줄 알아야 한다. 힘이 부족하거나 지혜가 모자라면 가진 사람에 의탁하는 것이 그것이다. 그것은 결코 당신이 의존적이거나 무능하다는 낙인이 될 수 없다. 오히려 부족함을 인정하고 보완하는 노력으로 칭찬받을 만하다. '십 리를 채 날지 못하는 쉬파리도 준마의 꼬리에 붙어가면 천 리에 다다를 수 있다'蒼蠅附驥尾 而致千里《사기》라고 하였다. 수많은 공자의 제자 중 학문과 덕행이 가장 뛰어난 안연顔淵도 스승 공자의 칭찬에 힘입어 더욱 유명해졌다는 것은 누구나 인정하는 사실이다.

권위의 법칙: 네이선스 핫도그 사례

폴란드 이민자였던 네이선 핸드워커Nathan Handwerker는 1916년

　미국의 뉴욕 코니아일랜드에 정착하면서 사업을 구상하고 있었다. 당시 그곳은 위락지구로서 전통 음식인 핫도그가 널리 판매되고 있었는데 한 개당 10센트의 가격에 비해 맛은 별로였다. 네이선은 부인의 음식솜씨를 믿고 핫도그를 만들어 팔기로 마음먹었다. 아주 정직하게 좋은 재료를 쓰면서도 가격은 5센트에 불과하였다. 당연히 손님들이 줄을 설 것으로 기대했지만 기대와 달리 거의 손님이 없었다. 그 이유는 무엇이었을까? 그곳 방문객들은 네이선의 핫도그를 선뜻 받아들이기가 어려웠다. 우선 핫도그를 만드는 네이선 핸드워커라는 사람은 듣지도 보지도 못했던 폴란드 출신이니 그 품질을 도무지 믿을 수 없었고, 반 가격에 판매하는 싸구려이니 분명 싸구려 원료를 쓸 것이라고 생각했던 것이다.
　고민하던 네이선은 한 가지 아이디어를 생각해냈다. 인근의 병원에 핫도그 무료 시식 쿠폰을 뿌린 것이다. 바쁜 일과 때문에 식사를 거르기 일쑤인 의사들은 핫도그를 무료로 먹어 달라고 하니 마다할 이유가 없었다. 하얀 가운을 입은 의사들이 가게 앞에 줄을 서서 핫도그를 먹는 장면이 여러 사람들 눈에 비치면서 사람들 마음도 서서히 바뀌기 시작하였다. '위생에 가장 철저한 의사들이 저렇게 줄 서 먹는 것을 보니 저 핫도그의 품질은 믿을 만할 거야'라고 생각하면서 너도나도 네이선의 가게를 찾게 되었다. 마침내 네이선은 '네이선스 페이머스 핫도그'(핫도그 먹기 세계대회)를 개최할 정도로 큰 성공을 거두었다.

13
현명한 리더는
감정이 없다

이야기 2-13-45

대신 오상이 한나라 선왕에게 말했다.

"왕은 거짓으로 누구를 사랑해도 안 되는 것은 다시 그를 미워할 수 없기 때문입니다. 왕은 거짓으로 누구를 미워해도 안 되는 것은 다시 그를 사랑할 수 없기 때문입니다. 거짓으로 사랑한 것과 또 미워한 것이 그 낌새라도 보일 것 같으면 아첨꾼들은 그것을 빌미 삼아 왕을 헐뜯거나 아첨하게 됩니다. 정말 명철한 군주라도 그것을 다시 수습하기 어려울 텐데 하물며 마음을 신하에게 모두 드러낸 군주는 어떻겠습니까?"

— 《한비자》〈제35편 외저설 우하〉

생각하기

 인간은 로고스적이며 동시에 파토스적인 동물이라고 한다. 언제나 이성과 합리를 찾는 듯 하지만 어느새 감정에 끌려가는 자신을 보는 것은 아주 흔한 일이다. 더욱이 희·노·애·락 같은 이들 원초적 감정들은 마음속 깊숙이 자리하다 눈치 없이 밖으로 드러나기 일쑤여서 애를 먹기도 한다. 그러나 권력을 경영하는 당신은 그들을 강력히 통제할 수 있어야 한다.

 감정의 샘은 막혀도 안 되지만 그 샘물을 너무 헤프게 퍼 올려도 아니 된다. 그것은 일단 밖으로 퍼 올려지면 통제가 쉽지 않고 자칫 타인과 충돌할 위험이 높다. 결과적으로 상황을 장악하는 데 적잖은 장애가 된다. 한편 상대의 감정에 쉽게 자주 동조하는 것도 문제이다. '다정도 병인 양' 동조의 늪에 빠져 허우적대는 꼴은 백 번 양보해도 보기 민망하다. 영리한 사람은 쓸데없이 자기의 감정을 소모하지 않는다. 쉽사리 저주를 입 밖에 내지 않지만 영원한 사랑을 노래하지도 않는다.

 감정 중 가장 파멸적인 것은 분노이다. 분노보다 더 큰 화근은 없다. 섣부른 분노 때문에 평생 쌓아온 명예를 하루아침에 잃고 회복하기 어려운 지경에 빠지는 경우가 허다하다. 분노로 자주 주변 분위기를 해치는 사람은 어떤 변명으로도 구제하기 어렵다. 그럼에도 불구하고 분노 통제에 실패하는 것은 그것이 생각만큼 쉽지 않기 때문이다. 그렇다면 차라리 포커페이스는 어떨까? 골프 여제 박인비 선수와 동행 플레이하는 선수들은 그녀의 포커페이스에 기가 죽는다고 한다. 무표정의 위력은 때로 화려한 웅변보다 더 강력할 수 있다. 무미건조한 인간으로 치부될 소지가 없지 않지만 분노에 떠는 모습을 보이는 것보다 훨씬 덜 위험하다.

감정에 사로잡혀 자기 몸을 죽이기는 쉬워도
感慨殺身者易
조용히 의로운 길로 나아가기는 더 어렵다.
從容就義者難

— 《근사록》

14
리더는
리더를 관리한다

이야기 2-14-46

　큰 나무를 흔드는데 일일이 나뭇잎을 한 잎씩 당겨 흔들려 한다면 힘만 들 뿐 다하지 못한다. 그러나 나무 밑동을 치면 나뭇잎은 모두 흔들린다. 연못가에 있는 나무를 밑동부터 흔들면 새는 놀라 날아갈 것이고 물고기는 무서워 물 아래로 들어갈 것이다. 그물을 잘 펴는 자는 그 벼리를 잡아당긴다. 일일이 그물코를 잡아 펴려 하면 고생만 할 뿐 다 펴지 못할 것이다. 벼리를 당기면 물고기는 한꺼번에 그물 안에 모두 들어온다. 관리는 백성에게 나무 밑동과 같고 그물의 벼리와 같다. 그러므로 현명한 군주는 관리를 다스릴 뿐 백성을 다스리지 않는다.

― 《한비자》〈제35편 외저설 우하〉

생각하기

　오늘날 정부나 회사 같은 거대 조직은 너나 나나 할 것 없이 관료제를 조직 운용의 기본으로 삼고 있다. 관료제는 조직을 운용하는 데 지금까지 인류가 고안한 기술 중 가장 효율적인 것으로 이미 확고한 지위를 차지한 것 같다. 관료제의 근간은 계층제이다. 계층제는 권한과 책임을 상하 조직 단위로 등급화하여 지휘·감독의 통로로 활용하는 시스템이다. 계층제에서 리더는 (차 하위의) 리더만을 관리하면 된다. 그것을 통해서 최고 상층부는 최말단 하층부까지 자기의 의사를 전달할 수 있다.

　관료제 같은 관리기술을 활용하면 매사에 굳이 나서지 않더라도 회사는 잘 돌아가게 되어 있다. 그러나 그것보다 사소한 것에 얽매이는 관리자를 주변에서 흔히 볼 수 있다. 그런 리더일수록 최하위 말단의 일까지 몸소 챙기는 수고를 아끼지 않는다. 필자가 직업 현장에서 실제로 목격한 것을 회상하면 '주사를 못 벗어난 국장'이나 '대리 같은 임원'이 의외로 많았던 것을 기억한다. 리더는 매사를 참견하는 것보다 관리의 맥을 짚는 기술을 활용할 수 있어야 한다.

　관료제를 잘 활용하면 조직의 소통 능력은 저절로 좋아질 수 있다. 그러나 그것이 곧 리더가 각 계층에서 벌어지는 일에 관심을 갖지 않아도 된다는 뜻은 아니다. 어느 조직이든 규모가 커질수록 정보 전달 통로가 막힐 가능성이 그만큼 높아진다는 것은 조직을 연구하는 학자들의 공통된 견해이다. 아무리 뛰어난 리더십도 정보 혈관이 막혀 있으면 그것은 절반의 상태에 머물 뿐이다. 언제 어디서든 소통의 리더십이 중요한 이유이다.

다다익선多多益善

유방은 천하통일의 일등공신인 명장 한신을 위험한 존재로 여겼다. 마침내 진평과 여후의 계략을 이용하여 그를 회음후淮陰侯로 좌천시키고 장안長安을 벗어나지 못하게 했다. 어느 날, 고조는 한신과 여러 장군들의 능력에 대해서 이야기를 나누던 중 한신에게 이렇게 물었다.

"과인은 몇만의 군사를 통솔할 수 있는 장수감이라고 생각하는가?"

"황공하오나 폐하께서는 한 10만쯤 거느릴 수 있을 것으로 생각됩니다."

"그렇다면 그대는?"

"예, 신臣은 많으면 많을수록 좋습니다."

"많으면 많을수록 좋다? 하하하……."

고조는 한바탕 웃고 나서 물었다.

"그대가 다다익선이라면 어찌하여 10만의 장수감에 불과한 과인의 포로가 되었는가?"

한신은 이렇게 대답했다.

"폐하, 그것은 전혀 별개의 문제입니다. 폐하께서는 병사의 장수가 아니라 장수將帥의 장수이십니다.

그것이 바로 신이 폐하의 포로가 된 이유의 전부입니다."

- 《사기》〈회음후 열전〉

15
한 가지 재주면 충분하다

이야기 2-15-47

어느 날 노나라 애공이 공자에게 물었다.

"내가 들으니 요임금의 신하 기夔는 다리(足)가 하나였다고 하던데 맞는 말이오?"

공자가 대답했다.

"아닙니다. 기도 사람인데 어찌 다리가 하나였겠습니까? 아마도 그가 오로지 음악에만 통달하였기 때문에 요임금이 그를 악정樂正으로 삼았고 '기는 한 가지로 족足하다'고 말씀하신 것 같습니다. 그 후 군자들 역시 '기는 한 가지면 족하다'고 한 것이지 '다리가 하나다'고 한 것이 아닙니다."

- 《한비자》〈제33편 외저설 좌하〉

생각하기

한 분야의 전문가와 여러 가지 일을 두루 할 수 있는 사람 중 누가 더 성공할 수 있을까? 여러 가지 가능성이 있겠지만 필자는 한 분야의 전문가가 낫다고 생각한다. 모든 일을 할 수 있는 것은 아무 일도 못 하는 것과 같다고 여기기 때문이다. 조직에서 그나마 살아남을 수 있는 확실한 비결은 무엇일까? 그것은 대체가 불가능한 재능을 갖는 것이다. 오늘날 대체재가 없는 재화는 거의 없지만 특정인에 대한 특별한 선호는 그렇지 않다. 특별한 재능이나 특수한 선호의 대상자라면 일단 행운열차의 티켓을 거머쥔 것은 확실하다. 그러나 티켓 한 장이 모든 여정을 보장하지는 않듯이 오히려 승차감에 도취해 졸다 그만 정차할 역을 놓치는 것은 흔히 볼 수 있는 광경이다.

팔방미인이란 주위의 칭찬을 경계하라. 아무런 쓸모가 없는 것만큼 큰 불행도 없지만 약방의 감초처럼 매사에 끼어드는 것도 마냥 좋은 것은 아니다. 그럴수록 칭찬에 모든 재능을 탕진한 나머지 천한 재주꾼으로 멸시받기 쉽다. 재주는 아껴야 재주로 대접받는다. 한꺼번에 꺼내 들어 한껏 뽐내고 싶겠지만 천천히 드러나도록 절제해야 한다. 새로운 재주를 꺼내 보일 때마다 관중은 갈채를 보

내고 호평은 그만큼 오래갈 것이다.

　우리는 대개 그저 그런 재주를 가지고 태어났다. 그것을 진정한 재능으로 키우려면 정신과 육체가 함께 집중하지 않으면 안 된다. 하나의 화살로 두 개의 과녁을 맞힐 수 없으며 생각이 흩어지면 정곡을 뚫을 수 없다. 어느 종목의 스포츠라도 일가를 이룬 챔피언들을 보라. 비록 어리지만 그들 입에서 흘러나오는 이야기를 들어보면 진정한 대가의 높은 정신세계를 만날 수 있다. 정신과 육체를 함께 집중하면 평범한 재주도 다른 차원의 경지에 도달할 수 있다는 증거가 바로 그들이다.

16
잘할 수 있는 일을 맡기라

이야기 2-16-48

　말몰이꾼 조보가 밭에서 김을 매고 있을 때 어느 아비와 아들이 수레를 타고 그곳을 지나고 있었다. 갑자기 수레를 끄는 말이 놀라서 앞으로 나아가지 않자 아들은 앞에서 말을 끌고 아비는 뒤에서 수레를 밀면서 조보에게 도와 달라고 하였다. 조보가 농기구를 거두어 수레에 싣고 아들이 끌던 말의 고삐를 점검하고 채찍을 잡았다. 그가 고삐와 채찍을 다 쓰기도 전에 말이 내달렸다. 만약 조보가 말을 몰지 않고 온 힘을 다하여 수레를 밀었다면 말은 결코 앞으로 나아가지 않았을 것이다. 몸은 수고롭지 않으면서 남에게 은덕을 베풀 수 있었던 것은 말 모는 기술을 잘 사용했기 때문이다.

- 《한비자》〈제35편 외저설 우하〉

생각하기

적재는 적소에 배치되어야 한다. 그것은 개인적으로는 가진 역량을 최대한 발휘할 수 있는 기회이며 조직 전체로는 생산성을 극대화하는 것이다. 그러나 현실과 이상은 언제나 괴리가 있게 마련인가. 청탁에 휘둘리고 학연·지연에 얽히다 보면 당신이 있어야 할 자리에 엉뚱한 사람이 앉기도 한다. '보직이 병과를 결정한다'는 군대말처럼 전공과 업무가 따로 노는 것은 조직사회에서 아주 흔한 일이다. 비록 전공과 맞지 않더라도 기왕 주어졌으면 자기 역량을 높이는 기회로 활용하는 지혜가 필요하다.

적재적소의 원칙이 지켜지려면 무엇보다 인사권자의 역할이 중요하다. 재능을 알아보는 눈과 걸맞은 자리와 임무를 부여할 수 있는 힘이 있어야 한다. 하지만 그것이 말처럼 쉬운 것은 아니다. 탁월함은 결코 흔치 않지만 그것을 알아보는 심미안을 만나는 것은 더 어렵다. 하루에 천 리를 달리는 명마도 백락[27]을 만나지 못하면

---

[27] 백락伯樂: 성은 손孫이고 이름은 양陽이라고 전해지는 중국 춘추시대 사람이다. 진秦나라 목공의 신하로 있으면서 말을 잘 감별한 것으로 유명하다. 백락은 본래 말을 잘 감별하는 전설 속 인물의 이름이었으나 손양이 말을 잘 감별하는 것

한갓 짐수레를 끄는 노마駑馬에 머물고 만다. 비록 둔한 말처럼 굼떠 보이는 부하라도 타박하기에 앞서 눈을 비비고 그를 바라보라. 그가 혹시 짐수레를 멘 천리마는 아닌지. 마찬가지로 오늘 비록 인정받지 못할지라도 낙담하거나 실망하지 말라. 잠시 운이 따르지 않은 것일 뿐 백락의 두 눈이 하필 당신만 지나치겠는가?

세상은 백락이 있은 후에
世有伯樂然後

비로소 천리마가 있었다
有千里馬

천리마는 항상 있지만
千里馬常有

백락이 항상 있는 것은 아니다
而伯樂不常有

그런 까닭에 비록 명마라도
故有名馬

단지 마부의 손에 욕을 보다가

으로 소문이 나자 그에 붙여진 별칭으로 후세에 아예 그의 이름이 되었다.

只辱於奴隷人之手

구유 사이에 머리를 나란히 하고서

駢死於槽櫪之間

천리마로 불리지 못한 채 죽고 만다

不以千里稱也

— 한유 〈잡설〉

17
리더는 우연보다
필연에 의지한다

이야기 2-17-49

　무릇 화살을 만들면서 처음부터 곧은 화살대만 찾는다면 백 년이 지나도 화살을 만들기 어려울 것이다. 수레를 만들면서 처음부터 둥근 나무만 찾는다면 천년이 지나도 수레바퀴 하나도 만들 수 없을 것이다. 처음부터 곧은 화살대나 둥근 나무를 구하기는 백 년에 하나도 어렵지만 세상 사람 모두가 수레를 타고 화살로 짐승을 잡는 것은 무슨 까닭인가? 그것은 나무를 굽히거나 바로 잡는 데 쓰는 도지개가 있기 때문이다. 저절로 반듯한 화살대나 둥근 나무가 있으면 도지개를 쓰지 않아도 되겠지만 뛰어난 목공은 그것을 귀하게 여기지 않는다. 왜 그럴까? 수레를 타는 사람이 한 사람이 아니고 화살을 쏘는 것이 한 발에 그치지 않기 때문이다.

마찬가지로 상벌에 기대지 않고 저절로 잘하는 백성을 현명한 군주는 귀하게 여기지 않는다. 왜 그럴까? 나라를 다스리려면 법을 버릴 수 없고 다스릴 백성이 한 사람이 아니기 때문이다. 그러므로 다스리는 기술을 가진 군주는 우연히 잘되는 것을 따르지 않고 반드시 그렇게 될 길을 좇아 실행한다.

- 《한비자》〈제50편 현학〉

생각하기

처음부터 좋은 것은 드물다. 무릇 계곡에 아름다운 자태를 뽐내며 누워 있는 너럭바위도 시작부터 그렇게 넓고 아름답지는 않았을 것이다. 물과 바람과 세월이 그 아름다움을 만든 것이다.

사람도 마찬가지다. 오랜 교육과 경험을 통하여 비로소 세련된 양식과 풍부한 예절을 갖춘 교양인으로 성장할 수 있다. 인재는 어느 날 갑자기 저절로 생기지 않으며 인재 양성에 지속적으로 투자하는 회사와 종사원 개개인의 부단한 자기개발 노력이 결합하여 천천히 만들어지는 것이다.

현명한 리더는 처음부터 능력 있는 부하를 기다리지 않는다. 오히려 가진 재능을 개발하도록 돕는 것을 직분으로 여긴다. 우연히 좋은 재목을 만날 수 있다. 뜻밖의 실적을 거둘 때도 있을 것이다. 그러나 우연한 행운은 오래 할 수 없고 반복할 수 없는 것이 그 한계이다. 언제 행운의 여신이 변덕을 부릴지 알 수 없는 것이 세상일이다. 그러므로 우연에 자신을 맡기는 관리자는 언제나 위험하다. 지혜로운 리더는 매사가 우연보다 필연으로 이루어지도록 노력한다. 노력한 만큼 성공이 보장되는 시스템을 구축하고 그것으로 보상과 처벌을 행사한다. 보상과 처벌이 예측 가능하면 구성원이 최선을 다하는 것은 필연이다.

귤화위지橘化爲枳: 귤이 변하여 탱자가 되다

초나라에 사신으로 온 제나라 재상 안영이 초나라 왕을 접견할 때였다. 마침 옥리가 죄수 한 명을 끌고 어전을 지나고 있었다. 왕은 옥리에게 물었다.

"그 죄인은 무슨 죄를 지었는가?"

"도둑질을 하였습니다."

"어디서 온 자인가?"

"제나라 사람입니다."

왕은 안영에게 물었다.

"제나라 사람들은 원래 도둑질을 잘합니까?"

안영은 태연히 대답한다.

"들은 바로는 강남에서 자란 귤은 맛이 좋기로 유명합니다. 그런데 그것을 강북에 옮겨 심으면 탱자가 되고 만다고 합니다. 이유는 간단합니다. 토양과 물이 서로 다르기 때문입니다. 저 제나라에서 온 죄인은 제나라에 살 때는 도둑질이 무엇인지도 모르는 순박한 사람이었습니다. 그런 그가 초나라에 와서 도둑질을 한 것은 순전히 초나라의 풍토 때문인 것으로 압니다."

초나라 왕은 그만 말문이 막히고 말았다.

- 《사기》〈안자 열전〉

18
직책에 상응하는
권한을 주라

이야기 2-18-50

중산국의 재상 악지가 수레 백 대를 거느리고 조나라에 사신으로 갈 때였다. 악지는 일행 중에 지혜와 능력을 갖춘 것으로 보이는 한 젊은이를 뽑아서 그 행렬을 인솔하도록 하였는데 중도에 행렬이 엉망이 되고 말았다. 악지가 말했다.

"나는 그대의 능력을 믿고 사신 행렬을 인솔하도록 하였는데 중도에 이렇게 엉망진창이 되었으니 어찌된 일인가?"

그는 사직하고 떠나면서 말했다.

"재상은 일의 이치를 모르십니다. 무릇 위세가 있어야 사람을 복종시킬 수 있고 이익이 있어야 사람들은 힘써 일하고 나라가 다스려지는 것입니다. 지금 저는 나이도 어리고 지위도 낮습니다. 그런

저에게 재상은 사람들을 잡도리할 권한도 주지 않고 오히려 어른을 바로 하고 귀한 분을 이끌도록 하였으니 그것이 바로 일이 잘못된 원인입니다. 만약 잘하는 자에게는 벼슬을 주고 못하는 자는 목을 칠 수 있는 권한을 저에게 주셨다면 어찌 일이 이렇게 되었겠습니까?"

- 《한비자》〈제30편 내저설 상〉

생각하기

필자가 회사에 재직할 때 실제로 위 이야기와 비슷한 상황을 경험한 적이 있다. 직급보다 한 단계 높은 보직을 받았지만 권한은 원래의 직급에 따른 것이었다. 도대체 일을 하라는 것인지 그만두라는 것인지 종잡을 수 없는 인사였다. 이야기에 나오는 사람처럼 필자도 결국 그 자리를 그만두지 않을 수 없었다. 직무와 권한은 서로 짝이 맞아야 한다. 직무가 권한보다 많으면 제대로 일하기 어렵고 권한이 직무를 넘으면 남용하기 쉽다.

머리가 희끗희끗한 중년 신사가 두 명의 애인을 두고 있었다. 한 명은 자기보다 젊은 여자였고 다른 한 명은 나이가 더 많은 여자였다. 나이가 더 많은 여자는 나이가 더 들어 보이도록 만날 때마다 남자의 검은 머리카락을 뽑았다. 반대로 젊은 여자는 남자의 흰 머리카락을 뽑았다. 이렇게 두 여자가 번갈아 머리카락을 뽑다 보니 결국 남자는 대머리가 되고 말았다. 무엇이든 불균형은 잘못의 근원이된다.

- 《이솝우화》〈중년 신사와 두 애인〉

현실을 보자. 권한과 직무가 한 짝처럼 상응하는 경우는 오히려 드물다. 대체로 조직은 시스템보다 사람에 따라 움직이는 경향이 있으며 정한 규정과 다르게 운용되는 경우도 허다하다. 열심히 하다 보면 규정에 없는 권한도 따르지만 게을리하면 주어진 권한마저 빼앗기는 것이 조직의 생리이다. 권한 없이 일만 많다고 불평하기에 앞서 그것이 혹시 자신으로부터 비롯된 문제는 아닌지 물어보라. 대개 문제는 바깥보다 안에서 생기는 경우가 많지 않던가.

19
견제와 균형은
조직 운용의 기본

이야기 2-19-51

　제나라 환공이 관중을 중보(仲父)로 삼으면서 군신들에게 명을 내렸다.

　"내가 장차 관중을 중보로 삼으려 하오. 찬성하면 문 좌측에 서고 반대하면 문 우측에 서시오."

　군신들이 모두 좌우로 갈라섰는데 동곽아만 문 가운데 섰다. 왕이 물었다.

　"문 가운데 서는 것은 무슨 까닭인가?"

　동곽아가 대답했다.

　"군주께서는 관중의 지혜 정도면 천하를 도모할 수 있다고 여기십니까?"

"그렇다."

"관중의 결단력이면 대사를 감행할 수 있다고 여기십니까?"

"그렇다."

"관중의 지혜는 천하를 도모할 만하고 그 결단력은 대사를 감행할 만하여 그에게 정사를 맡기려 합니다. 그런 뛰어난 능력을 가진 관중이 군주의 권세까지 편승하면 너무 위험하지 않겠습니까?"

잠시 머뭇거리던 왕은 말했다.

"옳은 말이다!"

그리하여 환공은 습붕에게 내치를 맡기고 관중에게 외치를 맡겨 서로 견제하도록 하였다.

— 《한비자》〈제33편 외저설 좌하〉

생각하기

고전적 통치술을 대변하는 말로 '분할하여 통치한다'divide and rule는 말이 있다. 현명한 리더는 어느 한 편에 권력과 자원이 쏠리지 않도록 그것을 고르게 배분한다. 과도한 쪽은 배신을 걱정해야 하고 부족한 쪽은 반란을 감시해야 하는 등 불균형은 리더 자신에게 부담으로 작용하기 때문이다. 결국 수평·수직적으로 균형 잡힌 분배만이 리더의 자리를 안정시키고 부하들을 충성경쟁으로 유도

할 수 있다. 그러나 그것이 곧 기계적 평등을 의미하지 않음을 유의하라. 모든 것이 동등하면 무엇 때문에 노력하겠는가? 영리한 리더는 서로 다른 액수의 돈 봉투를 준비하여 부하의 노력과 충성심에 합당한 봉투를 내민다. 물론 그것이 얼마인지 아는 것은 준 사람과 받은 사람뿐이다.

조직 구성원 간 견제와 균형이 유지되려면 무엇보다 리더의 공정성이 담보되어야 한다. 리더가 치우친다고 여기는 쪽으로 사람들이 몰리는 것은 당연한 귀결이다. 그것은 결국 균형의 와해를 초래하여 리더십에 적잖은 영향을 준다. 공정한 리더는 누구도 치우쳐 사랑하지 않지만 또 그렇게 미워하지 않는다. 그러나 중요한 것은 추종자들이 어떻게 보는가에 있다. 다시 말하면 리더의 공정성은 리더의 마음보다 그를 바라보는 부하들의 시선이 결정하는 것이다.

그러므로 지혜로운 리더는 추종자들이 알아주길 바라지 않으며 알아볼 수 있도록 행동한다. 중국 전국시대 오기吳起라는 장수는 입으로 고름을 빨아 부하의 종기를 치료했다고 한다. 후대는 그를 살신성인의 표상이라고 칭찬하는가 하면 위선자라는 비난도 없지 않다. 어느 편이 옳은지 따지기보다 그의 행적이 주는 메시지를 읽어야 한다. 리더는 진심도 중요하지만 추종자들이 그것을 인정하도록 만드는 퍼포먼스 능력 역시 그에 못지않다는 것이다.

오기연저吳起吮疽: 오기가 종기를 빨다

중국의 전국시대 초기 인물로 오기吳起라는 장수가 있었다. 그는 젊을 때부터 용병을 좋아하고 학문도 즐겨서 한때 공자의 직계 제자인 증자의 문하에 있었다. 오기가 위문후의 부름을 받아 위나라 서하 땅의 태수가 되었을 때다. 그는 부임하자마자 성루를 높이 쌓고 해자를 깊이 파고서 군사를 훈련하면서 함께 숙식하였다. 잘 때 잠자리를 펴지 않고, 나다닐 때 말을 타지 않았으며, 양식을 직접 가지고 다니며 사졸들과 고락을 함께하였다. 어느 날 한 병사가 종기로 고생하는 것을 본 오기는 병사의 곪은 종기를 직접 입으로 빨아 그를 치료하였다. 그런데 이 말을 전해 들은 병사의 어머니가 갑자기 큰 소리로 울기 시작했다. 주변 사람이 그녀의 행동에 의아하여 물었다.

"일 개 병사에 불과한 아들을 장군이 직접 종기를 빨아 낫게 하였다는데 무엇 때문에 운단 말이오?"

병사의 어머니가 대답했다.

"모르는 말씀이오. 예전에 오장군이 제 남편의 종기를 빨아준 적이 있습니다. 감복한 남편은 후퇴할 줄 모르고 싸우다 결국 죽고 말았소. 장군이 이제 또 아들의 종기를 빨아주었으니 내 아들 또한 언제 죽을지 모르게 되었소. 어찌 통곡하지 않겠소!"

마침내 오기는 진나라와 싸워 다섯 읍을 차지하였고 진나라는 오기가 서하 땅을 지키는 동안 감히 침범할 엄두를 내지 못하였다.

- 《사기》〈손자오기 열전〉

20
가진 것을
제대로 쓸 줄 알아야

이야기 2-20-52

만약 사람이 입지 않고 먹지 않으며, 굶주림도 추위도 없으며, 또한 죽음도 마다하지 않는다면 윗사람의 뜻을 받들 이유가 없다. 다스림을 받을 생각이 없는 사람이면 아무리 군주라도 그를 부릴 수 없다. 호랑이와 표범이 발톱과 송곳니를 쓰지 않는다면 그 위력은 생쥐의 그것과 다를 바 없고, 만금을 가진 부자가 그 재물을 넉넉하게 쓰지 않는다면 문지기의 재물과 하등 다를 바 없다. 군주도 마찬가지다. 아무리 커다란 영토를 가진 군주라도 자기가 좋아하는 사람 하나 이롭게 하지 못하고, 싫어하는 사람에 손해를 주지 못하면서 백성들이 군주를 두려워하고 중히 여기도록 할 수는 없을 것이다.

- 《한비자》〈제47편 팔설〉

생각하기

　권한은 일을 위해 그리고 재물은 쓰기 위해 있는 것이다. 주어진 권한을 쓰지 않는 것은 일을 하지 않는 것과 같고, 가진 재산을 풀지 않는 것은 행운을 제대로 누리지 못하는 것과 같다. 실수가 두려워 가능하면 아무 일도 하지 않으려는 직장인들이 의외로 많다고 한다. 이른바 복지부동伏地不動이 그것이다. 그러나 주어진 권한을 제때 쓰지 않고 방치하면 자기도 모르는 사이에 야금야금 잠식되어 급기야 외딴 섬에 혼자 남은 자신을 보는 것은 그리 오랜 시간이 걸리지 않을 것이다.

　권한은 아래로 위임할 수 있다. 하급자가 당신 승인 없이 전결로 일을 처리하는 것이다. 위임전결은 의사결정을 신속하게 하고 조직문화에 민주적 유연성을 불어넣는 유용한 장치이다. 특히 충성스럽고 믿을 만한 부하의 헌신을 생각하면 모든 일을 그에게 맡기고 여유를 갖고 싶은 유혹을 느낄 수 있다. 그러나 직책에 고유한 권한까지 위임하는 것은 매우 위험하다. 그것은 당신의 존재 이유를 부정하는 것과 다름없기 때문이다. 고대 중국의 어느 왕은 상을 내리는 일은 백성들이 좋아하는 것이니 임금이 행하고, 벌은 싫어하는 일이니 자기가 맡겠다는 신하의 감언이설에 속아 결국 죽임

까지 당하였다고 한다. (이 책 〈이야기2-6-38〉 참조)

농부의 딸을 사랑하게 된 사자가 청혼을 했다. 농부는 맹수에게 딸을 줄 수 없었지만 사자가 두려워 거절할 수도 없었다. 그러다 문득 묘안이 떠올랐다. 그는 사자에게 사위 될 자격이 충분하지만 딸이 사자의 이빨과 발톱을 무서워하니 그것을 모두 뽑으면 결혼을 허락하겠다고 말했다. 눈에 사랑의 콩깍지가 낀 사자는 농부의 조건을 받아들였다. 그러자 농부는 아무런 힘도 없게 된 사자를 내쫓아버렸다. 다른 사람을 쉽게 믿고 자신의 장점을 버리면 지금까지 그를 두려워했던 사람들에게 업신여겨질 것이다.

- 《이솝우화》〈농부와 사자〉

동료 관계도 그렇다. 아무리 절친한 동료라도 업무상 정서상 적절한 거리를 두는 것은 서로에게 편한 법이다. 어느 정도가 적정한 거리인지 정확히 규정할 수 없지만 언제나 넘치는 것은 부족함만 못한 것 같다. 종종 거리 유지에 실패하여 오히려 우정을 잃는 경우가 있다. 지나친 의존이나 넘치는 사랑은 그 폐해가 오십 보 백 보이다. 당신은 언제나 있어야 할 곳에 담담하게 서 있는 그런 사람이어야 한다.

21
진짜 재능은
숨겨 두라

이야기 2-21-53

    양자가 송나라 동쪽을 지나다 어느 여관에 묵게 되었다. 여관에 두 명의 일하는 여자아이가 있었다. 그중 한 명은 못생겼는데 주인의 사랑을 받고 다른 한 명은 더 아름다운데도 홀대를 받고 있었다. 양자가 그 이유를 묻자 여관 주인이 말했다.
    "아름다운 아이는 스스로 아름답다고 하니 저는 그 아이가 아름다운지 모르겠습니다. 못난 아이는 스스로 못났다고 하니 저는 그 아이가 못났는지 모르겠습니다."
    양자가 제자들에게 말했다.
    "행실이 어질면서 자신이 어질다는 마음을 버릴 수 있다면 어디를 간들 칭찬받지 않겠는가?"

– 《한비자》 〈제22편 설림 상〉

생각하기

그리스 속담에 '소는 뿔에 잡히고 인간은 언어에 속박된다'는 말이 있다. 뿔은 소에게, 언어는 사람에게 다른 동물보다 우위에 서게 하는 수단이다. 그럼에도 불구하고 소는 뿔 때문에, 사람은 언어로 인하여 곤란을 겪을 때가 있다. 마찬가지로 재능과 행운이 오히려 재앙이 될 수 있다. 뛰어난 재능은 처음은 부러움과 약간의 질투를 부르는 데 그치겠지만 조금이라도 과시하는 눈치라도 보여보라. 질투는 곧장 분노로 바뀌고 적대적인 분위기가 조성될 것이다. 그래서 진짜 자랑스럽게 여기는 재능은 오히려 숨겨두는 것이 낫다. '좋은 상품은 깊숙한 곳에 없는 듯 숨겨 둔다'良賈深藏若虛《사기》는 말이 그것이다.

당장 부족한 재능을 키워 후일을 도모하는 데도 숨기는 지혜가 필요하다. 자칫 자랑삼아 떠버리거나 우연히 그것이 경쟁자의 안테나에 포착되면 갖은 훼방과 견제를 각오해야 한다. 1970~1980년대 중국은 아직 '죽의 장막' 상태를 벗어나지 못한 시대였다. 덩샤오핑은 '흑묘백묘론'으로 대표되는 대외 개방정책을 펼치면서 영리하고 현실적인 외교노선을 채택하였다. 이른바 '도광양회'韜光養晦가 그것이다. '번뜩이는 칼날을 감추고 어둠 속에서 힘을 기른다'는 뜻으로 당시 중국의 힘이 아직 부족한 것을 깨달은 그는 대외적으로 불필요한 마찰을 줄이고 대내적으로 은밀히 힘을 기르는 정책을 펼쳐 오늘날 G2로서의 중국의 위상을 세우는 기초를 다졌다.

도회지계韜晦之計: 어둠 속에 자신을 숨기는 계략

조조가 하비성에서 여포를 죽이자 유비는 조조와 함께 허도로 왔다. 힘이 없던 유비는 허도에서 조조의 하수가 되어 벼슬살이를 하게 된 것이다. 조조는 유비가 자신과 자웅을 겨룰 영웅임을 알고 있었다. 그렇다고 이유 없이 유비를 죽이는 것은 천하의 미움을 받는 짓이었기에 때를 기다리는 수밖에 없었다. 그러면서 조조는 유비의 일거수일투족을 놓치지 않고 있었다. 황제의 장인 동승과 조조를 제거할 계획을 세운 유비는 그것을 숨기기 위해 후원에서 손수 채소를 심고 물을 주며 한가로운 세월을 보내고 있었다. 유비의 속내를 알 길 없는 관우와 장비는 '천하 대사를 생각해야 할 형님이 소인배들이나 하는 일을 배워 무엇을 하느냐?'며 그를 타박하였다. 얼마 후 조조는 사람을 보내 유비를 청매정으로 불러들였다. 그리고 매실주를 권하면서 조조가 말했다.

"집에서 큰일을 하고 계신다지요?"

가슴이 뜨끔했지만 채소 가꾸는 일을 묻는 것을 알아차린 유비가 대답했다.

"그저 심심해서 소일거리로 채소를 가꾸고 있습니다."

이윽고 두 사람은 천하의 영웅이 될 만한 인물을 이야기하였다. 유비는 여러 인물들을 둘러대지만 조조는 모두 깜냥이 못 된다고 하면서 말한다.

"천하의 영웅이 될 만한 자는 그대 현덕과 나 맹덕뿐이오."

자기의 속내를 찌르는 듯한 조조의 말에 유비는 깜짝 놀라면서 일부러 젓가락을 떨어뜨렸다. 때마침 천둥이 치면서 비가 쏟아졌다. 떨어진 젓가락을 주우면서 유비는 중얼거리듯 말했다.

"웬 천둥소리가 이렇게 크담!"

천둥소리에 놀라는 유비의 소심함을 본 조조는 그 후 그에 대한 경계심을 풀고 말았다.

— 나관중 《삼국지연의》

22
작은 충성이
주인을 망치다

이야기 2-22-54

옛날 초나라가 진나라와 언릉에서 전투를 벌였을 때다. 싸움이 거의 끝날 무렵 초나라의 사마司馬 최고 사령관 자반이 목이 말라 마실 것을 가져오라고 하자 시종 일을 보던 곡양이 잔에 술을 담아 바쳤다. 자반이 말했다.

"아니! 이것은 술이 아니냐? 당장 치워라!"

곡양이 말했다.

"술이 아니니 드십시오."

곡양의 말을 들은 자반은 너무 목이 말라 그것을 모두 마셨다. 자반은 평소 술을 좋아하고 즐기는 편이었는데 그날도 한 잔 술로 그치지 못하고 마침내 취하도록 마시고 말았다. 초나라 공왕이 다시 전투를 시작하려고 말을 타고 와 자반의 막사로 들어갔다. 막사 안은 술 냄새로 가득하였다. 왕이 말하였다.

"오늘 싸움에서 나는 부상을 하였다. 믿을 사람은 오직 사마 그대뿐인데 그렇게 술에 취하였구나. 이것은 그대가 나라의 사직을 잊고 군사들을 불쌍히 여기지 않기 때문이다. 그런 그대와 함께 다시 싸울 수 없구나."

왕은 군사를 돌려 돌아와 자반을 참수하여 저잣거리에 내걸었다. 시종 곡양이 자반에게 술을 올린 것이 상전에 대한 무슨 원한 때문은 아니었을 것이다. 오히려 주인에게 충성을 다하려 했을 뿐이다. 그러나 그의 지나친 충성이 결국 주인을 죽인 꼴이 되고 말았다.

— 《한비자》 〈제10편 십과〉

생각하기

일반적으로 지위가 낮을수록 그 시야가 좁은 것은 어쩔 수 없는 듯 싶다. 이야기에 등장하는 곡양은 시종의 신분으로 언뜻 전투가 당시 정국에 어떤 영향을 미칠지 알기 어려웠을 것이다. 오직 모시는 자에 충성을 다하는 것을 자기 임무의 전부로 여겼을 뿐이다. 핵심은 작은 충성에 취해 대의를 살피지 못한 장수에 책임이 있다는 것이다. 시종의 충성에 취하여 자신에 대한 경계를 게을리하여 싸움에 지고 목숨까지 잃었으니 누구를 탓하겠는가?

도척[28]을 섬기는 개가 요임금을 보고 짖는 것은
跖之狗吠堯
요임금이 인하지 못한 탓이 아니라
堯非不仁,
개는 원래 그 주인이 아니면 누구든 짖기 때문이다
狗固吠非其主

- 《사기》〈회음후 열전〉

가장 지근거리에 있는 사람을 조심하라. 그는 친구일 수도 있고 아끼는 부하이거나 혹은 고향이나 학교의 선후배일 것이다. 그들을 잘 알고 있는 것 같지만 생각만큼 잘 아는 것은 아니다. 더욱이 그들은 친분과 우정을 고려하여 듣기 거북한 말은 되도록 하지 않는다. 그래서 그들과 함께 하는 동안 긴장이 풀리고 마음이 편안한 것이다. 그러나 그것이 점점 커져 시나브로 의존하는 정도에 이르

---

28 도척盜跖: 춘추전국시대를 살았던 중국의 전설적인 도둑이다. 인육을 먹을 정도로 잔인하였다고 전한다.

면 그것은 단순한 심리적 안정을 넘어 새로운 골칫거리가 된다.

성공한 사람들 중 주변 관리를 소홀히 하여 망신을 당하는 경우를 종종 볼 수 있다. 떠들썩한 비리나 스캔들도 그 뿌리를 추적해 보면 가족이나 가까운 친구에서 출발하는 것들이 많다. 사람의 정신력은 한계가 있어서 모든 일에 계속하여 집중하기는 어렵다. 가까운 친구나 가족이 주는 푸근함과 안도감은 그런 틈새를 비집고 들어온다. 큰일을 하려면 무엇보다 자신은 물론 주변에 대한 경계를 철저히 해야 하는 이유가 그것이다.

초한전의 하이라이트는 홍문의 연회(제1부 16항 '홍문지연' 참조)에서 시작하여 해하의 전투에서 그 끝을 맺는다. 대략 5년에 걸쳐 계속된 전쟁에서 유방은 죽을 고비를 여러 번 넘겼었다. 그런 그가 항우를 극복하고 마지막 승리를 거두는 데 결정적 역할을 한 인물은 아이러니 같지만 항우의 숙부 항백이었다.

홍문의 연회가 있기 전날 밤 항백은 친구인 장량을 구하기 위해 유방의 진영을 찾는다. 항우의 공격을 미리 귀띔하면서 피신하라고 일러준 그는 장량의 소개로 유방을 만나 그와 사돈을 맺는다. 다음날 그는 홍문에서 조카인 항장의 검무를 막아 유방의 목숨을 보호하였다. 이후 촉 땅으로 떠난 유방은 장량을 시켜 항백에게 선물로 회유

하니 항백은 항우를 설득하여 한중 땅까지 유방에게 할애하도록 도왔다. 또한 형양에서 유방의 부인과 아버지 유태공을 사로잡은 항우가 유방의 항복을 요구하면서 유태공을 가마솥에 삶아 죽이려 하였다. 항백은 어차피 유방은 가족을 버린 사람이니 얻을 것 없이 민심만 잃을 뿐이라고 항우를 설득하여 죽음을 면케 하였다. 결국 그는 오강의 전투에서 항우 군이 불리해지자 유방에 투항하였으며 그 후 논공행상에서 사양후에 봉해지고 고조로부터 유씨 성까지 하사받았다. 항백은 항우를 도와 서초를 세웠지만 마지막에는 유방의 한나라 개국공신이 되었다.

　항백은 개인적으로는 친구에 대한 우정과 의리에 최선을 다했으며 유방에는 둘도 없는 은인이 되었지만 그것으로 자기 가문과 조국을 망치는 결과를 가져온 것이다. 애초에 항우가 초의제를 시해하는 패륜을 저질러 민심이 이반하는 등 그의 파멸이 예정된 것이라 할지라도 그가 혈육의 배반을 미리 막았다면 역사는 또 어떻게 쓰였을지 궁금하다.

23
나쁜 재목도
쓰기 나름

이야기 2-23-55

노나라 양호[29]가 큰일을 도모하며 말했다.
"현명한 군주를 만나면 마음을 다해 섬기지만 그렇지 못하면 겉으로는 섬기는 척하면서 그를 시험해 볼 것이다."
마침내 그는 노나라에서 제나라로 쫓겨나고 제나라 왕의 의심을

---

[29] 양호陽虎: 노나라 삼환三桓 중 계손씨의 가신으로 B.C. 502년 자기가 섬기던 삼환을 대상으로 반란을 일으켰다가 제나라로 쫓겨났다. 다시 진나라로 탈출한 양호는 권신 조간자의 가신이 되어 조나라를 세우는 데 큰 공을 세웠다. 자신의 주군을 배반한 일로 공자에게 호된 비판을 받기도 하였으나 그가 취한 일련의 행동들은 당시의 어지러운 사회상 즉 하극상을 반영한 것이다. 《논어》〈양화편〉에 나오는 공자와 양화의 일화는 매우 흥미로운 에피소드 중 하나이다.

받아 다시 진나라로 도망갔다. 진나라 재상 조간자가 그를 맞아들여 가신으로 삼았다. 조간자의 좌우 신하들이 말했다.

"저 양호라는 자는 남의 나라 국정을 훔치는 자인데 어찌 그를 기용하려 하십니까?"

조간자가 대답했다.

"만약 양호가 훔치는 데 힘쓰는 자라면 나는 지키는 데 힘쓰면 되는 것 아니겠소."

마침내 조간자는 법술法術로서 그를 통제할 수 있었다. 양호도 조간자 밑에서 감히 나쁜 짓을 하지 못하고 잘 보필하여 마침내 그가 패권을 잡는 데 이르도록 하였다.

― 《한비자》〈제33편 외저설 좌하〉

생각하기

사람은 누구나 다른 사람과 사귀는 데 있어서 나름의 자기 기준을 가지고 있다. 그리고 그것에 미달하거나 부합하지 않으면 가까이하지 않는 것이 보통이다. 그러나 권력을 다투는 자에게 그런 태도는 결코 권장할 만한 것이 못 된다. 뛰어난 목수는 작고 볼품없는 나뭇가지 하나라도 유용하게 쓸 줄 안다. 담을 쌓다 보면 아무리 작은 돌멩이도 반드시 쓰임새가 있는 것을 알 것이다. 마찬가지로 아무리 하찮아 보이는 사람이지만 그가 아니면 가질 수 없는 장점이 있다. 그것을 알아보고 걸맞은 대우를 한다면 당신의 인간 경영은 이미 절반은 성공이다.

> 태산은 한 줌의 흙이라도 사양하지 않음으로써
> 泰山不辭土壤
> 그렇게 크게 될 수 있었으며,
> 故能成其大
> 황하와 바다는 개울물도 마다하지 않음으로써
> 河海不擇細流
> 그렇게 깊게 될 수 있었다
> 故能取其深
>
> — 이사 〈상진황축객서〉

다른 경우도 있다. 어쩌다 만난 뛰어난 자질과 능력이 반드시 기대에 부응할지는 미지수다. 재수가 없으면 도움은커녕 오히려 폐가 되기도 한다. 그렇다고 섣불리 판단하여 배척하기도 쉽지 않다. 그렇게 하여 생긴 손해는 감수하면 그만이지만 경솔하다는 주위의 비난은 피할 수 없다. 무엇이든 진정한 가치는 보이는 것보다 시간이 밝혀 주는 경우가 많은 것 같다. 진짜를 만나는 날까지 진득이 기다리는 여유가 필요한 이유이다.

원래 재능이나 능력의 가치는 상대적이다. 필요한 사람에게는 보물이지만 그렇지 않으면 무용지물이다. 언제, 어느 곳에서 어떤 재능이 필요할지 아무도 모른다. 그러므로 스스로 무능을 책망하거나 재능을 깎아내리는 것은 자기비하의 전형이 아닐 수 없다. 때를 기다리라. 그러면서 미처 몰랐던 재능이나 능력을 발굴하고 계발하라. 당신을 향한 러브콜이 사방에 끊이지 않을 것이다.

계명구도鷄鳴狗盜

B.C. 298년 맹상군은 진나라 소양왕으로부터 재상 자리를 제안받았다. 진나라 왕을 알현한 맹상군은 값비싼 호백구를 예물로 진상했다. 왕이 맹상군을 재상으로 기용하려 하자 중신들이 반대하고 나섰다.

"전하, 제나라의 왕족을 재상으로 중용하심은 결코 진나라를 위한 일이 아닐 것입니다."

그래서 약속은 깨졌다. 후환을 두려워한 왕은 맹상군을 은밀히 죽이기로 결심했다. 이를 눈치챈 맹상군은 궁리 끝에 왕이 가장 총애하는 후궁에게 도와 달라고 간청했다. 그러자 그녀는 엉뚱한 요구를 했다.

"내게도 왕에게 진상한 것과 똑같은 호백구를 주시면 힘써 보지요."

당장 어디서 그 귀한 호백구를 다시 구한다는 말인가? 맹상군은 맥이 빠졌다. 이때 수행한 식객 중 개 흉내를 잘 내어 좀도둑질에 능한 자가 있었다. 그날 밤 개구멍을 통하여 궁중에 잠입한 그는 전날 진상한 그 호백구를 감쪽같이 훔쳐 내어왔다. 호백구를 받은 후궁의 성화에 마침내 왕은 맹상군의 귀국을 허락했다.

맹상군은 서둘러 국경인 함곡관涵谷關으로 향했다. 왕은 그를 놓아준 것을 크게 후회하고 추격병을 급파했다. 한밤중에 함곡관에 닿은 맹상군 일행은 그곳에서 더 나아갈 수가 없었다. 진나라 법에 첫닭이 울 때까지는 관문을 열지 않기 때문이었다. 이때 동행한 식객 중에 닭 우는 소리를 잘 내는 자가 있었다. 그가 닭 울음소리를 내자 이어 동네 닭들이 일제히 따라 울기 시작했다. 잠이 덜 깬 병졸들이 눈을 비비며 관문을 열었다. 진나라 추격병이 함곡관에 닿은 것은 맹상군 일행이 말에 채찍을 가하여 쏜살같이 어둠 속으로 사라진 직후였다.

- 《사기》〈맹상군 열전〉

24
힘든 일도
쉬운 것처럼 보이라

이야기 2-24-56

공자의 제자 복자천이 단보를 다스릴 때 일이다. 유약이 그를 만나보고 말했다.

"그대는 어찌하여 그렇게 수척해 보입니까?"

"군주께서 부족한 저에게 단보를 맡겼으니 일은 급하고 마음은 걱정으로 가득하니 마를 수밖에요."

유약이 말했다.

"옛날 순임금은 다섯 줄 거문고를 타고 남풍시를 노래하며 천하를 다스렸다고 합니다. 지금 이 단보 같은 작은 고을을 가지고 걱정한다면 장차 천하는 어떻게 다스리겠습니까? 그래서 (통치)술을 익혀 다스리면 몸은 어전에 올라 여색에 둘러싸여 있어도 다스림에 어려움이 없지만, (통치)술을 모른 채 다스리면 몸이 야윌 정도로 애써도 아무런 보탬이 없는 것입니다."

— 《한비자》〈제32편 외저설 좌상〉

생각하기

여기 해내기 만만치 않은 일이 있다 치자. 잘하면 분명히 큰 보상이 따를 것이다. 마침내 그것을 성공적으로 수행한 당신은 그 일이 얼마나 어렵고 많은 노력을 했는지 자랑하고 싶다. 그러나 사람들은 생각하는 것만큼 후한 점수를 주지 않는다. 매사가 모를 때는 그럴싸해 보이지만 알고 보면 별것이 아니기 때문이다. 그럼 이번에는 일부러 별것 아닌 척해보라. 일이 수월하여 노력도 별로 하지 않았으며 단지 운이 좋았다고 말해보라. 아마 예전과는 사뭇 다른 반응을 보일 것이다. 겉으로는 무덤덤한 척하면서 속내는 부러움과 찬사를 보내는 기색이 역력할 것이다. 사람의 마음 씀이 본래 그런 것이다.

어려운 일을 맡아 비록 열심히 하더라도 너무 열심인 것처럼 보이지 말라. 그 정도는 해낼 재능이 충분한 듯 편안한 모습을 보이라. 일 중독자보다 재능 있는 사람으로 보이는 것이 낫다. 얼마나

힘들었냐는 위로보다 어떻게 그렇게 잘할 수 있느냐고 놀라게 하는 것이 낫다. 쉬운 일은 어려운 일처럼 하고, 어려운 일은 쉬운 일처럼 하라. 쉬우면 자신감이 넘쳐 실수하지 않도록 조심하고, 어렵더라도 소심함으로 용기를 잃지 않도록 한다. 그렇게 능력은 쓰면 쓸수록 더욱 커질 것이다.

청동 주화는 사용할수록 빛나고
좋은 옷은 입어야 빛이 난다.
살지 않는 집은 더럽고 흉하게 변한다.

- 오비디우스

25
출구전략이
필요한 때

이야기 2-25-57

위나라 왕이 진나라에 갈 때 대신 박의에게 말했다.
"이번에 그대와 함께 동행할까 하오."
박의가 말했다.
"집에 계시는 노모와 상의하게 해주십시오."
왕은 박의의 노모에 손수 그것을 청하였다. 노모가 왕에게 말했다.
"박의는 왕의 신하입니다. 신하가 왕을 따르는 것은 당연합니다."
집에 돌아온 박의가 노모에게 말했다.
"왕이 저를 인정하는 것이 어머님과 비교하면 어떻겠습니까?"

"그야 내가 인정하는 만큼은 결코 될 수 없겠지."

"그런 어머님도 집안일을 저와 의논해서 모두 결정하고서도 다시 점쟁이에게 부탁합니다. 어머님이 그러하듯이 왕 역시 다른 신하들과 저의 문제를 다시 의논해서 없던 일로 할 수도 있습니다. 아마 제가 오래도록 위나라에서 신하 노릇 하기는 어려울 것입니다."

- 《한비자》〈제34편 외저설 우상〉

생각하기

한때 직장인들 사이에 '박수 칠 때 떠나라'는 말이 유행한 적이 있다. 요즈음은 '등을 떠밀어도 버티라'는 말도 들린다. 어떻든 한 번 승리했으면 비록 절반의 승리라도 내려오는 길을 알아보는 것은 현명한 처사이다. 그것은 매사에 적절한 나름의 출구전략을 가져야 함을 말한다. 행운은 나에게만 지속될 수 없으며 그런 행운은 오히려 불안하다. 더구나 누군가의 총애로 생긴 행운은 더욱 불안하다. 그것은 언제든지 마음먹기에 따라 미움으로 돌변할 수 있기 때문이다. 행운은 그 은혜가 높으면 수명을 줄이는 것으로 균형을 이룬다고 한다. 크든 작든 주어진 행운에 만족하고 그 빛이 다하기 전에 스스로 무대를 내려오는 것은 지혜로운 처사이다.

인간의 운명은 수레바퀴처럼 돌기 때문에
같은 사람에게 계속 행운이 찾아오지는 않는다.

- 헤로도토스

한편, 기왕 잡은 행운인데 이참에 경쟁자를 코너로 몰아 아예 다시 일어설 수 없도록 만들고 싶은 마음도 없지 않을 것이다. 그러나 현명한 자의 처신은 갑남을녀의 그것과는 달라야 한다. 한편으로 경쟁자를 코너로 몰면서도 다른 한편은 그가 빠져나갈 출구를 열어 둔다. 미운 경쟁자일수록 명예롭게 물러설 수 있도록 그럴싸한 명분을 제공하는 것은 탁월한 전략이다. 그것은 복수의 명분을 차단하고 불필요한 에너지 소모를 줄일 수 있다는 점에서 일석이조가 아닐 수 없다. '전부全部가 아니면 전무全無'를 택하기보다 적당한 선에서 타협하고 다음을 기약하는 것은 상등의 지혜이다.

26
나의 아궁이 불을
가리는 것은?

이야기 2-26-58

위나라 영공 때 왕의 총애를 믿고 미자하가 정사를 멋대로 하였다. 궁궐에 들어온 난쟁이 광대 하나가 영공을 뵙고 말했다.
"저의 꿈은 아주 영험합니다."
왕이 물었다.
"무슨 꿈을 꾸었는가?"
"지난밤 꿈에 아궁이를 보았더니 오늘 군주를 뵙게 되었습니다."
영공이 화를 내며 말했다.
"내가 들으니 군주를 만날 자는 꿈에 하늘의 해를 본다고 하였다. 어찌하여 과인을 본다는 자가 꿈에 겨우 아궁이를 보았다는 것인가?"

난쟁이 광대가 대답했다.

"무릇 해는 온 천하를 비추기 때문에 한 가지 물건으로 그것을 가릴 수 없습니다. 군주 역시 온 나라를 비추기 때문에 한 사람이 그를 가로막을 수 없습니다. 그렇기 때문에 군주를 뵐 자는 꿈에 해를 보는 것입니다. 그러나 아궁이는 한 사람이 불을 쬐면 그 뒷사람은 불을 볼 수 없습니다. 지금 혹시 어떤 자가 군주 앞에서 혼자만 불을 쬐고 있다면 비록 꿈일지라도 군주가 아궁이로 보이지 않겠습니까?"

– 《한비자》〈제30편 내저설 상〉

생각하기

혼자서 모든 일을 할 수는 없다. 그런 의미에서 유능한 조력자는 나의 힘이며 필요한 수만큼 분신을 만들어 쓰는 것과 같다. 오죽하면 전직 대통령 한 분은 '몸은 빌릴 수 없지만 머리는 빌리면 된다'고 하면서 아침 조깅을 그토록 열심히 하지 않았던가. 안데스의 콘도르는 다른 동물이 모든 수고를 마친 후 마지막에 그의 발톱을 땅에 내딛는다. 콘도르처럼 가능하면 땀을 흘리는 것은 조력자에게 맡기고 그 땀의 결과만 챙기는 것이 권력자이다.

이때 조심할 것이 있다. 조력자가 혹시 당신의 위광을 가리지 않는지 살펴야 한다. 그런 기색이 조금이라도 있으면 그는 더이상 조력자가 아니며 인의 장막이다. 인의 장막은 빨리 거둘수록 좋다. 당신의 아궁이 불이 더 많은 사람에게 골고루 온기가 퍼지도록 배려하는 것은 권력과 오래 함께할 수 있는 비결이다. 조력자의 위치면 어떻게 해야 할까? 가능하면 윗사람이 편안하게 자리를 누리도록 자기의 존재를 숨겨야 한다. 쉽지 않겠지만 영광은 위로 올리고 고통은 자신이 감수하는 모습을 보여야 한다. 그의 영광은 곧 당신의 성공이기 때문이다.

회사조직은 크게 두 가지 부류의 사람들로 구성된다. 계선조직係線組織과 참모조직參謀組織이 그것이다. 전자는 위계와 권한에 따라 주어진 일을 직접 실행하고 성과로서 자신을 드러내지만 후자는 의사결정권자를 보좌하여 그의 성공을 자신의 성공으로 여기며 자신을 가급적 숨겨야 하는 사람들이다. 직업을 선택하거나 자리를 맡을 때 자신은 어느 것에 더 적합한지 스스로 물어볼 필요가 있다. 성취를 좇으며 드러나길 좋아하는 캐릭터는 참모조직과 어울리지 않을 것이다. 반대로 드러나기기 부끄러운 수줍은 성격에 계선조직은 부담이 될 것이다. 어렵사리 붙잡은 행운이 울며 겨자 먹기에 그치지 않고 빛을 발휘하려면 성격에 걸맞은 자리를 찾는 것이 우선일 것이다.

27
화를 돋우어
비밀을 알아내다

이야기 1-27-59

초나라 성왕은 왕자 상신을 태자로 삼았으나 다시 왕자 직直을 그 자리에 앉히고 싶었다. 상신은 그런 소문을 듣기는 했으나 아직 확인하지 못하고 있었다. 그는 자기의 사부 반숭에게 물었다.

"어떻게 하면 소문을 확인할 수 있겠습니까?"

반숭이 대답하였다.

"저하의 고모 강미를 잔치에 초대하고서 일부러 허술하게 대접해 보십시오."

태자는 반숭의 말대로 행하였다. 그러자 상신의 고모 강미는 매우 분노하며 말했다.

"오호라! 이 천하에 몹쓸 놈아! 네 하는 짓을 보니 왕이 너를 폐하고 직을 태자로 삼으려는 것이 당연하구나."

상신이 반숭에게 일렀다.

"소문이 사실입니다."

반숭이 물었다.

"태자께서는 왕자 직을 왕으로 섬길 수 있겠습니까?"

"그럴 수 없습니다."

"그렇다면 큰일을 도모할 수 있겠습니까?"

"그렇습니다."

이리하여 상신은 숙소에 있던 병사들을 이끌고 성왕을 공격하였다. 사로잡힌 성왕은 마지막으로 곰 발바닥 요리를 한 번만 먹고 싶다고 했으나 상신은 허락하지 않았다. 결국 왕은 스스로 목숨을 끊었다.

－《한비자》〈제31편 내저설 하〉

생각하기

분노는 권력을 장악하는 데 가장 해로운 장애물이다. 그것은 이성을 마비시키고 사람들의 악평을 불러 모으는 호객꾼과 같다. 특히 경쟁자가 의도적으로 도발하는 분노는 절대로 넘어가면 안 된다. 그 유혹에 조금이라도 빠지는 순간 승부는 이미 결정난 것이나 다름없다. 분노 조절에 실패한 당신은 감정을 통제 못하는 경솔한 인간이란 딱지를 피할 수 없을 것이다.

분노는 한때의 광기이다.

- 호라티우스

하급자에게 분노를 보인다 치자. 처음 반응은 두려움과 공포심으로 시작할 것이다. 그러나 일단 시간이 지나고 폭풍우가 걷히면 다른 반응들이 나타난다. 화를 낸 당신은 자제력이 부족한 상사로 낙인찍히고 홧김에 내뱉은 말에 상처를 입은 부하들은 복수를 다짐할지 모른다. 화내는 일이 잦을수록 아예 당신이 사라질 날을 기다리는 사람도 생긴다. 이쯤 되면 당신의 리더십은 거의 작동 불능 상태에 빠졌다고 보는 것이 타당하다. 현명한 리더는 당장 분노로써 응징하거나 일을 해결하려 들지 않는다. 분노는 다양한 선택지 중 하나일 뿐 유일한 수단은 아니기 때문이다. 어쩌면 끓어오르는 분노를 억제하며 냉정을 유지하려 안간힘을 쓰는 모습에서 사람들은 더 큰 두려움을 느낄지 모른다.

가능하면 누구도 당신의 증오를 느끼지 못하게 하라. 화가 난 채 말하는 것, 당신의 말이나 모습에 증오가 드러나는 것, 이런 것들은 불필요하고 위험하며 어리석고 천박한 것이다. 분노와 증오는 그 자리를 떠나 당신의 다른 행동으로 그 모습을 드러내야 하고 그때 그것은 가장 효과적인 것이 된다. 냉혈동물의 독은 반드시 이빨에만 있는 것은 아니다.

- 쇼펜하우어

상사가 당신에게 자주 화를 낸다면 어떻게 해야 할까. 둘 중 하나를 선택해야 한다. 묵묵히 참든지 아니면 대꾸하며 함께 화를 내는 것이다. 가슴에 사직서를 품은 사람이 아니면 후자처럼 하지는 않을 것이다. 그러나 현명한 부하는 상사의 분노를 해석하는 시각이 다르다. 그것을 상사의 사적인 감정의 발로로 보지 않고 권력 게임의 한 방편으로 이해한다. 다시 말하면 상사의 분노를 자기를 통제하거나 응징하려는 권력적 시도로 여긴다. 그리고 흔들림 없이 공손히 또 차분히 상황을 설명한다. 차분하고 냉정한 대응은 오히려 상사의 신뢰를 두텁게 하는 계기가 될 것이다.

제3부
세상의 비웃음을 거부하지 말라

세상의 절반은 다른 절반을 비웃고 있다.

어디에 찬성하는가에 따라 모든 것이 옳기도 하고

모든 것이 그르기도 하다.

모든 것을 자기 생각대로 처리하는 자는 못 말릴 바보이다.

어떤 결함이라도 그것을 애호하는 사람은 있기 마련이다.

또한 당신이 일부 사람의 기분을 거스르더라도 용기를 잃지 마라.

그것을 높이 평가하는 사람도 있기 마련이기 때문이다.

그러나 이들의 찬사에도 우쭐대지는 마라.

배척하는 누군가는 다시 나타난다.

- 발타자르 그라시안

1
인생의 우선순위

이야기 3-1-60

옛날 진晉나라 헌공이 우虞나라의 길을 빌려 괵虢나라를 치려 하였다. 대부 순식이 말했다.

"군주께서는 수극의 보옥과 굴산[30]의 명마를 우나라 왕에게 선물로 주고 길을 빌려 달라 하십시오."

헌공이 물었다.

"수극의 보옥은 선왕께서 아끼던 보물이고 굴산의 말은 내가 아

---

30 수극과 굴산: 고대 중국에서 수극垂棘은 좋은 구슬을 생산하는 곳으로 유명하며, 굴산屈産은 명마를 많이 기르는 곳으로 유명하였다. 《맹자》에도 이 사실이 기록되어 있다. (《맹자》〈만장장구상〉)

끼는 준마인데 만약 받기만 하고 길은 빌려주지 않는다면 어찌할 것인가?"

"길을 빌려주지 않으려면 반드시 물건도 받지 않을 것입니다. 군주께서는 걱정하지 마십시오."

마침내 왕은 순식을 시켜 그 보옥과 명마를 우나라 왕에게 선물로 보냈다. 선물을 탐한 우나라 왕은 진나라의 요구를 들어주고 싶었다. 이때 우나라 대신 궁지기가 말했다.

"결코 받아들이면 안 됩니다. 우리 우나라와 곽나라는 마치 수레에 덧방나무수레바퀴의 가장자리에 대는 나무가 있는 것과 같습니다. 덧방나무는 수레에 의존하고 수레 역시 덧방나무에 의존합니다. 만약 진나라에 길을 빌려주어 아침에 곽나라가 망하면 저녁에 우리 우나라가 그 뒤를 따를 것입니다."

우나라 왕은 궁지기의 말을 듣지 않고 마침내 진나라에게 길을 빌려주고 말았다. 순식은 곽나라를 정벌한 지 3년 만에 다시 군사를 일으켜 우나라를 멸망시키고 말았다.

- 《한비자》 〈제10편 십과〉

생각하기

성인 공자는 일찍이 '작은 이익을 보면 큰일을 이루지 못한다'見小

利則大事不成는 말로 인간의 이기심을 경계하였으며 맹자는 '바른 마음을 기르는 데 욕심을 줄이는 것보다 더 좋은 방법은 없다'養心莫善於寡慾고 하였다. 작은 이익에 눈이 가려 큰 이익을 보지 못하는 것은 어쩌면 우리 인간의 한계일지 모른다.

> 재물은 현명한 사람에게는 노예와 같지만,
> 어리석은 사람에게는 지배자와 다름이 없다
>
> － 세네카

인생에서 큰 이익과 작은 이익을 분간하기는 쉽지 않다. 그것은 보는 눈과 장소와 시간에 따라 다를 수 있기 때문이다. 《탈무드》는 말하기를 '돈을 잃는 것은 조금 잃는 것이요, 명예를 잃는 것은 많이 잃는 것이며, 건강을 잃는 것은 전부를 잃는 것이다'라고 하였다. 건강은 생애에 걸친 최우선의 가치지만 사람은 성장 단계마다 반드시 수행해야 할 과업들이 있다. 예를 들면 유소년기에는 또래 집단과 소통하며 사회생활의 기초를 배워야 하고 다가올 직업 생활을 위해 지식과 기술을 연마하는 것은 청년기의 과업이다. 이들은 전 단계가 제대로 이루어지지 않으면 다음 단계의 과업 수행이 어렵게 되는 연속성을 갖고 있다. 그러나 한정된 시간과 자원을 고려하면 매 단계마다 필요한 것 모두를 다 잘할 수는 없다. 결국 우선순위를 정하여 선택과 집중을 통하여 수행할 수 있을 뿐이다. 그러므로 '인생에서 무엇이 가장 중요한가?' 보다 '지금 무엇이 더 중요한가?'에 답하며 사는 것이 현실적이다.

금의야행錦衣夜行: 비단 옷을 입고 밤길을 걷다

며칠 후 항우는 서쪽으로 군대를 끌고 가서 진나라 수도 함양을 도륙하였다. 항복한 진나라 황제 자영을 죽이고 진나라 궁궐에 불을 지르니 불길이 석 달 동안 꺼지지 않았다. 항우는 진귀한 보물과 부녀자들을 약탈하여 고향을 향하여 동쪽으로 이동할 생각이었다. 이 말을 들은 간관 한생韓生이 항우에게 말했다.

"관중 땅은 산과 강으로 둘러싸여 사방이 막혀 있고, 땅이 기름져서 도읍으로 삼으면 천하의 패자가 될 만한 땅입니다. 고향으로 돌아가는 것을 재고해야 합니다."

함양 궁궐이 모두 불타 그 잔해만 남은 것을 본 항우는 고향에 대한 그리움으로 더욱 동쪽으로 돌아가고 싶었다. 그는 말했다.

"부귀해지고서도 고향에 돌아가지 않는 것은 비단옷을 입고 밤길을 걷는 것과 같으니 누가 그것을 알아주겠는가?"

항우의 작은 그릇에 실망한 한생이 중얼거리듯 말했다.

"사람들이 말하길 초나라 사람들은 목욕한 원숭이가 관을 쓴 것과 같다고 하더니 과연 그렇구나!"

이 말을 들은 항우는 격분하여 한생을 가마솥에 삶아 죽였다. 그 후 고향인 팽성에 도읍을 정하고 스스로 서초 패왕이라 칭하였던 항우는 머지않아 해하의 전투를 끝으로 최후를 맞이했다. 결정적 순간에 무엇이 중요한 것인지 그 우선순위를 혼동한 항우는 결국 몰락의 길을 걷고 말았다.

- 《사기》〈항우 본기〉

2
인간은 이익을 좇는 동물이다

이야기 3-2-61

　의원이 상처를 빨고 피고름을 입에 머금는 것은 환자가 혈육처럼 가깝기 때문이 아니다. 그것으로 이익을 얻을 수 있기 때문이다. 수레 만드는 장인은 모두 부귀해지기를 바라고, 관을 짜는 목수는 그들이 일찍 죽기를 바란다. 그것은 수레 만드는 장인은 착하고 관을 짜는 목수는 악한 탓이 아니다. 사람들이 부귀해지지 않으면 수레가 팔리지 않을 것이고 죽지 않으면 관도 팔릴 일이 없기 때문이다. 다시 말해서 목수가 그런 것은 사람을 미워하기 때문이 아니라 이익이 사람의 생사에 달려 있기 때문이다.

― 《한비자》〈제17편 비내〉

생각하기

'자본주의의 아버지'로 불리는 아담 스미스 Adam Smith 1723-1790는 《국부론》에서 자신의 이익 추구에 여념이 없는 경제적 행동들이 '보이지 않는 손' invisible hand에 이끌려 예기치 않게 사회적 후생을 증대시키는 결과를 자세히 밝히고 있다. 그는 인간의 이기심은 악덕이 아니며 자본주의의 기초적 토양임을 강조하면서 자본주의적 경제원리를 매우 쉽고 일상적인 비유로 설명하고 있다.

우리가 오늘 맛있는 저녁 식사를 기대할 수 있는 것은 푸줏간과 술도가와 빵집 주인의 자비심 덕분이 아니다. 그것은 바로 자기 이익을 챙기려는 그들의 노력 덕분이다. 그들에게 호소하는 것은 박애심이 아니라 자기애이며, 우리의 필요가 아니라 그들의 이익일 뿐이다.

- 《국부론》 중

스미스의 주장을 백 번 수긍하더라도 이익 앞에 서면 일말의 양보도 염치도 없는 발가벗은 욕망을 마주하기는 아무래도 불편한 것 같다. 그럴 때면 언제나 그들이 바로 스미스가 말한 술도가 주인이며 푸줏간 주인이라고 생각하라. 아마 보다 편안한 마음으로 그들을 대할 수 있을 것이다. 그렇게 세상을 받아들이고 자신을 맞추려 노력하는 당신은 세상 사는 지혜를 아는 사람이다.

이기심은 착한 이익과 악한 이익을 구별하지 않는다. 그것을 분별할 수 있는 능력은 오직 양심과 지성에 있다. 성숙한 양심과 맑은 지성은 발가벗은 이기심을 감싸주는 벨벳 망토와 같으며 부정한 유혹에서 당신을 구하는 피난처이다. 눈앞의 이익이 아무리 커도 취할 것인가 단념할 것인가는 오직 양심에 물어보라.

가假나라 사람 임회가 급히 도망하는데 천금의 보물을 버리는 대신 갓난아기를 업고 도망하자 어떤 사람이 물었다.
"값으로 따지면 갓난아기는 천금의 보물만 못합니다. 거추장스러운 것으로 치면 갓난아기가 훨씬 더할 것입니다. 그런데도 보물을 버리고 갓난아기를 업고 도망하는 것은 어째서입니까?"
임회가 대답했다.
"저 천금의 보물은 이익으로 맺어진 것이지만 이 갓난아기는 하늘이 붙여준 것이기 때문입니다."
이익으로 합한 것은 서로 버리지만

利合相棄

하늘이 붙인 것은 서로 거둔다

天屬相收.

- 《장자》

3
인간관계는 서로
소망을 의존하는 것

이야기 3-3-62

　어려서 부모의 양육이 소홀하면 커서 부모를 원망하고, 돈독히 공양하지 않으면 부모는 성내어 자식을 꾸짖는다. 부모와 자식은 가장 가까운 사이지만 꾸짖고 또 원망하는 것은 자신을 껴안아 주길 바라는 마음을 제대로 채울 수 없기 때문이다. 농사할 때 주인이 맛있는 음식과 품삯을 마련하는 것은 일꾼을 아껴서 하는 것이 아니다. 일꾼이 쟁기질을 더욱 깊숙이 하고 열심히 김매기 하기를 바라기 때문이다. 일꾼이 힘을 다하여 밭을 갈고 김을 매며 이랑과 두렁을 반듯이 정리하는 것은 주인을 사랑하기 때문이 아니다. 그렇게 해야 맛있는 음식과 품삯을 잘 받을 것이라고 여기기 때문이다.
　결국 일꾼이나 주인이나 마음을 다하는 것은 모두 자신을 위하는 마음 때문이다. 이익을 생각하면 오랑캐라도 쉽게 친해지지만, 손해라고 여기면 아비와 자식 사이도 멀어지고 원망하게 된다.

- 《한비자》〈제32편 외저설 좌상〉

생각하기

인간관계를 역학적으로 풀이하면 구심력과 원심력의 상호작용이라 할 수 있다. 밀고 당기는 힘이 균형을 이루어 서로 의존하는 동안 관계는 지속되지만 어느 한쪽에 치우치면 오래가지 못하는 원리이다. 다시 말하면 사람 간의 관계는 서로 소망을 교환하는 것과 같아서 저울의 대칭처럼 동등하거나 비슷하지 않으면 지속적 관계가 어렵다. 만약 균형추의 중심을 당신 쪽으로 당기고 싶으면 당신보다 상대의 필요에 따라 관계를 맺으라. 필요는 의존을 낳고 의존은 균형추의 중심을 당신 쪽으로 기울게 할 것이다.

의존을 줄이거나 벗어나기 위해 아예 소망과 기대를 줄이는 것도 방법이다. 기대가 크지 않으니 의존하는 정도가 적을 수밖에 없다. 가까운 사이일수록 그것은 더욱 분명하다. 혈연과 우정은 가깝기로 치면 어떤 인간관계도 비교할 바 없겠지만 한 번 그 틈이 벌어지면 어느 원수도 따를 수 없는 것이 보통이다. 그것은 가까운 만큼 기대와 소망이 컸기 때문이다.

설득의 수단으로 이익을 꺼내 드는 것은 언제 어디서나 효과적이다. 특히 상대가 분노나 질투 같은 어두운 감정에 가려 제대로 보지 못하는 이익을 밝은 곳으로 끄집어내 보이라. 아마 없던 것을 얻은 것처럼 기뻐하며 당신의 설득에 흥미를 보일 것이다. 이익에 따라 이합집산을 거듭하는 인간관계를 마키아벨리는 군신 관계를 예로 설명한다.

> 반면에 군주는 신하가 훌륭하게 봉사할 수 있도록 신하만을 생각하고, 영광을 베풀고, 생활을 넉넉하게 만들어 주고 영예와 관작을 주어야 합니다. 그렇게 하면 신하는 군주 없이는 자신은 존재할 수 없다는 것을 깨닫게 될 것입니다. 주어진 영예는 더 많은 영광을 바라지 않도록 하고, 넉넉한 재산은 더이상 재물을 원치 않도록 할 것이며, 높은 관작은 그로 하여금 혁명을 두려워하도록 만들 것입니다. 군주가 그렇게 해주고 신하가 또 그렇게 처신하면 그들은 서로 신뢰하게 됩니다. 그러나 만약 상황이 그렇게 되지 못하면 군주와 신하는 서로 피해를 보는 결과가 나올 것입니다.
>
> - 《군주론》

4
젓가락 하나에서 세상을 보다

이야기 3-4-63

옛날 폭군 주紂[31]가 상아 젓가락을 쓰는 것을 본 기자箕子[32]가 걱정하며 말했다.

"상아 젓가락은 결코 흙으로 빚은 그릇과 어울리지 않아서 왕은 틀림없이 옥 그릇을 쓸 것이다. 상아 젓가락과 옥 그릇을 쓰게 되면 채솟국을 끓일 수 없고 반드시 고깃국을 끓일 것이다. 고깃국

---

31 주紂: 고대 중국 은나라의 마지막 왕으로 향락과 폭정을 일삼다 주나라 무왕에게 쫓겨났다.
32 기자箕子:. 은나라의 마지막 왕 주왕의 숙부로서 은나라 삼인三仁 중 하나. 기자는 주왕의 폭정을 여러 차례 간하였으나 듣지 않자 미친 척하며 살다가 주나라의 노예가 되었다고 한다. 망국의 한을 노래한 '맥수가'를 지었다고 전해진다.

을 먹으면 결코 삼베 옷을 입고 초가집에서 살려 하지 않을 것이니 결국 비단옷을 아홉 겹 감싸 입고 고대 광실에서만 살려고 할 것이다. 나는 그 마지막이 두려울 뿐이니 그래서 그 처음을 걱정하는 것이다."

그 후 5년이 지나자 폭군 주는 고기로 밭을 이루고 포락炮烙 불로 몸을 지지는 형벌 도구을 설치하였으며, 술 찌꺼기로 산을 이루고 술로 채운 연못에서 노닐다가 마침내 망하였다. 기자는 상아 젓가락 하나를 보고서 천하의 재앙을 미리 알았던 것이다. 도덕경은 말한다. "작은 일을 꿰뚫어 보는 것을 밝음이라 한다."

- 《한비자》〈제21편 유로〉

생각하기

'싹수가 노랗다'는 말이 있다. '싹수'란 본래 씨앗이 터지면서 새로 나오는 싹으로 그 색깔이나 개수를 보면 그 식물이 앞으로 어떻게 자랄 것인지 짐작할 수 있다. 싹수는 바로 일의 시초를 말한다. 일의 시초는 대개 작은 곳에서 희미하게 드러난다. 그 낌새나 기미를 알아차려 일이 흘러갈 방향을 추리하는 것은 예지의 힘이다. 진실은 절반의 말로 표현될 뿐 그 실체를 모두 드러내지 않는 것이 보통이다. 주의 깊고 예리한 안목만이 그것을 파악할 수 있다. 작은 시작을 보고 그 끝을 헤아리는 것은 능력 중의 능력이며 상등의 지혜이다. 사물의 변화를 주의 깊게 살피는 노력과 끈기 있게 천착하는 습관만이 그것을 가능케 할 것이다.

일의 완성은 대개 겉보다 속에, 양보다 질에 달린 경우가 많다. 그러나 사람들은 속보다 겉을 중시하며 과정보다 결과에 집착하는 경향이 있다. 용두사미라는 고사성어처럼 성대하게 시작한 일도 그 끝은 미미하게 끝나는 경우가 적지 않다. 그러나 삶과 죽음이 그러하듯 시작과 끝은 하나가 아니던가. 시작부터 작고 사소한 것을 잘 다스려야 마지막에 큰 결과를 얻을 수 있다.

아무리 사소한 것이라도 최선을 다하지 않으면 경지에 이르기 어렵다. '성공도 습관이다'는 말처럼 하루에 양치를 3분 이상 세 번씩 하는 것이나 밥을 세 끼 이상 먹지 않는 것 같은 아주 사소한 것부터 성공해야 더 큰 성공으로 갈 수 있다. 성공은 그 경험을 많이 쌓을수록 기억에 확실히 남아 다음 일에 전파할 수 있다고 한다.

5
멀리 뛰려면
움츠렸다 뛰어라

이야기 3-5-64

 초楚나라 장왕[33]이 즉위한 지 삼 년이 지났지만 아무런 정령도 내리지 않고 정무도 보지 않았다. 곁에 있던 우사마가 왕에게 수수께끼를 냈다.
 "남쪽 언덕에 앉아 있는 어떤 새가 삼 년 동안 날갯짓도 하지 않고, 날지도 않고 울지도 않은 채 가만히 있습니다. 이 새의 이름이

---

[33] 초장왕楚莊王: 중국 춘추시대 초나라의 왕으로 적극적인 국정 운영으로 초나라를 춘추오패 중 하나로 만든 인물. 성격이 호방하고 통이 큰 인물로 유명하다. 고사 절영지회絶纓之會는 그의 호방함을 잘 보여준다. (이 책 제3부 26항 〈생각하기〉 참조.)

무엇이겠습니까?"

왕이 대답하였다.

"삼 년 동안 날갯짓을 하지 않은 것은 장차 날개를 크게 펼치려는 것이고, 날지도 울지도 않는 것은 장차 세상을 살피려는 것이다. 비록 날지 않지만 한 번 날면 하늘을 찌를 것이며, 비록 울지 않지만 한 번 울면 사람들을 놀라게 할 것이다. 그대는 그만두라. 과인은 잘 알고 있다."

반년이 더 지난 후 왕은 마침내 정사를 보기 시작하였고 나라를 크게 다스렸다. 제나라를 서주에서 무찌르고, 황하와 형옹 사이에서 진나라와 싸워 이기고, 제후들을 송나라에 모이게 하여 마침내 천하의 패자가 되었다. 장왕은 적은 손해를 감수하여 큰 이름을 남겼고, 보여주려 서둘지 않고 큰 공을 세울 수 있었다. 도덕경은 말한다.

"큰 그릇은 늦게 완성되고 큰소리는 희미하게 들린다."

- 《한비자》〈제21편 유로〉

생각하기

정글의 맹수 표범은 위장술의 달인이자 빠른 발을 가진 것으로 유명하다. 나는 새를 잡을 정도로 높은 점프력 또한 빼놓을 수 없다. 표범이 점프하기 전 모습을 보면 온몸을 잔뜩 움츠렸다 순간적으로 폭발하듯 뛰어올라 사냥감을 낚아챈다. 크고 중요한 일을 해내기 위해서는 움츠린 표범처럼 정신을 집중하고 필요한 에너지를 축적시켜야 한다. 이때는 다른 어느 것도 하지 않는 것이 좋다. 오로지 목표를 향해 자신을 올인한다. 얼핏 보면 아무것도 하지 않은 것처럼 보이지만 실제로는 가장 중요한 일을 하는 것이다. 멀리 뛰려면 움츠렸다 뛰는 것이다.

이때 주의할 것이 있다. 그렇게 힘을 모아 다음을 준비하는 것을 경쟁자는 몰라야 한다. 그런 때일수록 아무 일 없는 듯 태연자약한 모습을 보인다. 오히려 연막을 치는 경우도 있다. 흥선대원군은 외척 안동 김씨를 안심시키기 위해 일부러 미친 척했다고 한다. 만약 자랑삼아 혹은 조바심에 못 이겨 조금이라도 떠벌리면 더이상 위협이 될 수 없다. '태산은 거대한 신음 소리를 냈지만 고작 쥐 한 마리를 낳았다'泰山鳴動 鼠一匹는 옛말을 따라 하지 말라. 준비를 마쳤다면 이제 행동에 옮겨야 한다. 이때 명심할 것은 아무리 준비가 완벽하여도 허점은 있게 마련이며 어떤 행동에도 지불할 대가는 따른다는 것이다. 현명한 설계자는 언제나 'B플랜'을 잊지 않는 이유이다.

천금매골千金買骨

천리마를 구하는 왕이 있었다. 삼 년이 지나도록 한 마리의 천리마도 구하지 못하던 중 시종 하나가 자기가 천리마를 구해 오겠다고 자청하였다. 왕은 그에게 천금을 주고서 천리마를 구해 오라고 명했다. 석 달이 지나서 그 시종은 겨우 천리마 하나를 볼 수 있었으나 그것은 곧 죽고 말았다. 그는 죽은 말의 머리를 오백 금에 사와 왕에게 보고하였다. 왕은 크게 화를 내면서 그를 꾸짖었다.

"나는 살아있는 천리마를 구한 것인데 너는 어찌 죽은 말의 머리를 가져오면서 그것도 오백 금이나 썼는가?"

시종이 대답했다.

"죽은 말을 오백 금에 샀으니 하물며 살아있는 말이야 어떻겠습니까? 이 소식을 들으면 천하의 말들이 모두 왕께 모여들 것입니다."

시종이 말한 대로 그 해가 지나지 않아 왕은 천리마를 세 필이나 구할 수 있었다.

- 《전국책》〈연책〉

6
자신을 볼 수 있으면
진실로 아는 것이다

이야기 3-6-65

초나라 장왕이 월나라를 치려고 하자 두자杜子가 말했다.

"왕께서 월나라를 치려는 것은 무슨 이유입니까?"

"월나라의 정치가 어지럽고 군사가 약하기 때문이오."

두자가 말했다.

"저는 지혜라는 것이 곧 눈과 같아 걱정입니다. 눈은 백 보 밖의 것은 잘 보면서 가까운 제 속눈썹은 보지 못합니다. 우리 초나라 군대가 진나라에 패하여 잃은 땅이 수백 리요, 병사들은 피폐한 상태입니다. 우리 군대가 약하고 정사가 어지러운 것은 월나라에 비할 바가 아닙니다. 그런데도 월나라를 치려고 하는 것은 지혜가 눈과 같기 때문입니다."

두자의 말을 듣고서 왕은 월나라를 치려던 일을 그만두었다. 앎의 어려움은 남을 보는 데 있지 않고 자신을 보는 데 있다. 도덕경은 말한다.
"자신을 볼 줄 아는 것을 밝음이라 한다."

- 《한비자》〈제21편 유로〉

생각하기

'너 자신을 알라.'

너무 많이 들어 오히려 식상한 이 말은 그리스 델포이Delphi의 아폴론 신전 기둥에 새겨져 있는데 소크라테스가 했던 말로 더 유명하다. 원래 '너는 언젠가 죽어야 하는 인간임을 자각하라'는 의미로서 인간의 유한성을 강조하는 것이라고 한다. 실제로 사람들은 가끔 아니 자주 자신이 유한한 존재라는 사실을 잊고 사는 것 같다. 뿐만 아니라 자기 존재를 실제보다 더 크게 보는 버릇이 있는 것 같다. '내가 죽으면 정말 훌륭한 예술가가 세상을 뜬 것이 아닌가?'라는 폭군 네로의 독백이 그렇고 아마추어 골퍼들이 통상 자신의 비거리를 실제보다 더 길게 여기는 것이 그렇다. 그러나 비거리에 솔직한 골퍼는 떨어진 곳보다 훨씬 멀리 나가 공을 찾는 수고로움은 피할 수 있다. 마찬가지로 입만 열면 자랑을 일삼는 허풍쟁이보다 자기의 한계를 스스럼없이 인정하는 당신에게 사람들은 사랑을 느낄 것이다.

 대체로 싸움은 상대를 극복하는 것으로 끝날 수 있다. 그러므로 눈에 보이는 상대는 싸울 방법을 찾아 꾸준히 노력하면 이길 수 있다. 오히려 가장 어려운 싸움은 눈으로 볼 수 없는 자기와의 싸움인 것 같다. 그것은 언제 어디서 끝날지 모를 소모전이기 쉽다. 천신만고 끝에 겨우 챔피언 자리에 오른 스포츠 선수가 더이상 정상을 유지하지 못하고 몰락하는 것은 대개 자신과의 싸움에서 실패한 결과이다. 성취를 향하여 막무가내 기를 쓰기보다 한 발짝 물러나 심호흡으로 마음을 다잡는 여유가 먼저일 것이다.
 진정으로 자기 자신을 아는 사람은 결코 남 탓을 하지 않는다. 그들은 '소소한 마음 하나 제대로 붙잡지 못한 내가 누구를 책망할 것인가?'라고 끊임없이 자신을 채찍질한다. '똥 묻은 개 겨 묻은 개 나무란다'는 오랜 속담은 그들이 우리에게 던지는 촌철살인寸鐵殺人이 아닐 수 없다.

 프로메테우스는 인간을 만들고 그의 목에 두 개의 봉투를 걸어 두었다. 하나는 타인의 결점을, 다른 하나는 자신의 결점을 넣고서 타인의 봉투는 앞쪽에 다른 하나는 등 쪽에 두었다. 그 후로 인간은 타인의 결점은 쉽게 보았지만 자신의 결점은 쳐다볼 수 없게 되었다.

- 파이드로스

7
작은 불은
가까운 물로 끄라

이야기 3-7-66

노魯나라 목공이 앞날을 대비하여 왕자 하나는 진나라로, 다른 하나는 초나라로 보내 벼슬살이를 하도록 하였다. 이때 제나라 대부 여서가 왕에게 말했다.

"가령 어떤 사람이 물에 빠진 아들을 구하기 위해 멀리 있는 월나라춘추시대 중국의 동쪽 해안 변방에 있었던 나라 사람을 불렀다고 합시다. 월나라 사람이 아무리 헤엄칠을 잘해도 자식을 살려내지는 못할 것입니다. 불이 났는데 먼 바닷물로 불을 끄려 한다면 바닷물이 아무리 많아도 소용이 없을 것입니다. 먼 곳의 물로 가까운 곳의 불을 끌 수는 없는 일입니다. 지금 진나라와 초나라가 아무리 강성하여도 제나라가 더 가까우니 제나라가 먼저 귀국의 근심을 덜 수 있지 않겠습니까?"

– 《한비자》〈제22편 설림 상〉

생각하기

너무 멀리 보려 하지 말라. 긴 미래의 여정을 위한 오늘의 짧은 고통은 감수할 만하다. 그러나 고통이 너무 길면 미래의 달콤함과 상쇄하기에는 치러야 할 대가가 너무 크다. 그런 의미에서 '젊어서 고생은 사서도 한다'는 말은 일종의 기만이다. 오히려 '불안 없는 노년은 활발한 청년 시대의 결과이다'라는 라틴어 금언이 말하듯 불타는 오늘이야말로 내일을 위한 안전판이다.

그저 희망 속에 갇히는 신세가 되지 말라. 희망 열차는 언제나 행복으로 가는 티켓을 예약했다고 떠든다. 그러나 무지갯빛을 쫓아 올랐으나 언덕 너머에는 아무것도 없었다는 어느 시구처럼 희망은 곧잘 절망으로 끝나곤 한다. 어려울수록 희망 고문은 더 심해진다. 내일에 오늘을 저당하기보다 그냥 오늘 이 시간을 온전히 연소하라. 무엇이든 지금 가진 것이 당신 것이다.

"내일은 잘살 것이다"고 그대는 말한다.
언제나 "내일은, 내일은"이라고 말한다.

그렇다면 말해주게 포스투무스여,

그 내일은 과연 언제 오는지.

- 마르티알리스

자기 떡보다 남의 떡이 더 크게 보이는 것은 인지상정이다. 그러나 정작 배고플 때 허기를 채워주는 것은 내 손 안에 있는 떡이다. 남의 떡은 아무리 커도 '그림의 떡'일 뿐이다. 마찬가지로 멀리 떨어져 있는 친척보다 가까운 주변을 먼저 챙기라. 행복도 불행도 먼저 나누는 것은 이웃이며 명성이든 오명이든 먼저 퍼뜨리는 것은 이웃 사람의 입이다.

네 집 가까이 사는 사람을 초대하라.

네 집에서 어떤 일이 생겼을 때

이웃이라면 허리띠도 묶지 않은 채 급히 달려오지만,

멀리 있는 친척은 다 묶고 나서야 온다.

- 헤시오도스

8
실력보다 형세를 타라

이야기 3-8-67

백락伯樂이 두 사람에게 뒷발질하는 말을 감정하는 방법을 가르쳤다. 그는 두 사람을 데리고 조간자의 마구간에 가서 말을 관찰하였다. 그중 한 명이 말의 엉덩이를 세 번 만졌으나 말은 뒷발질하지 않았다. 그 말을 고른 사람은 자기가 말을 잘못 감정하였다고 생각했다. 백락이 말했다.

"당신의 감정이 잘못된 것이 아닙니다. 이 말은 어깨가 굽고 앞다리에 종기가 있습니다. 종기 때문에 앞발을 제대로 세울 수 없어 뒷발질을 못 한 것입니다. 당신은 단지 말 무릎에 난 종기를 놓친 것뿐입니다."

대개 일에는 그렇게 되는 까닭이 반드시 있다. 이 경우 말이 무

릎에 종기가 나서 뒷발질을 못 하게 된 것이니 지혜 있는 사람만이 그것을 알 수 있다. 혜자가 말했다.

"원숭이를 우리에 가두어 두면 돼지와 다를 것이 없다. 그러므로 형세가 불리하면 아무리 능력이 뛰어나도 그것을 제대로 발휘할 수 없다."

– 《한비자》〈제23편 설림 하〉

생각하기

유능하다는 평판이 부끄러울 정도로 잘 풀리지 않는 아무개 씨, 늘 최선을 다한 듯 보이지만 실패를 거듭하는 또 다른 아무개 씨. 행운의 여신은 왜 유독 그들만 외면하는 것일까? 현명한 선각자는 대답한다.

결론적으로 말씀드리면 운명의 여신은 변덕스러우며 인간은 나름대로 고집이 있습니다. 인간이 운명의 여신과 조화를 이룰 때는 성공하지만 그녀를 거스를 때는 실패하고 맙니다.

- 《군주론》 25-6

그럼 어떻게 그녀의 사랑을 받을 수 있을까? 현명한 선각자는 대답한다.

그러므로 최선의 방법일지라도 그 성공 여부는 시류에 달려 있습니다. 그래도 한 인간이 사려 깊고 참을성 있게 처신하면 시류는 그가 훌륭하게 되도록 감싸주어 성공할 수도 있습니다. 그러나 시류와 주변 정세가 바뀌었는데도 자신의 처신을 바꾸지 않는다면 그는 멸망하고 말 것입니다.

능력이나 재능이 반드시 성공을 보장하는 것은 아니다. 성공은 그것이 상황과 상호작용하여 만드는 결과물이기 쉽다. 날카로운 발톱과 어금니를 가진 호랑이도 우리에 갇히면 더이상 맹수가 아닌 것과 같다. 성공은 고사하고 최소한 생존이라도 담보하려면 움직이는 주변 상황을 재빨리 감지하여 걸맞게 몸을 움직일 수 있어야 한다.

사람의 일에는 조류가 있어서

물이 찰 때를 이용하면 행운에 이르지만

그것을 놓치면 인생 항로는

얕은 물로 가서 비참해지고 만다.

- 셰익스피어

9
자기의 눈높이로
판단하지 말라

이야기 3-9-68

　요堯임금이 천하를 허유許由[34]에게 넘겨주려 하자 허유는 그 말을 듣고 도망치고 말았다. 도망하는 도중에 어느 집에 머물게 되었는데 그 집 주인은 허유가 그의 가죽 모자를 훔칠까 봐 그것을 깊숙이 숨겼다. 천하를 버린 사람을 만나 가죽 모자 하나를 숨긴 집주인은 허유를 너무 몰랐던 것 같다.

- 《한비자》〈제23편 설림 하〉

34　요堯임금과 허유許由 : 요임금은 아들 단주가 임금이 되기 부족하다고 여겨서 제위를 현인 허유에게 양위하려 하였다. 이 말을 들은 허유는 기산으로 도망하고 듣지 못할 말을 들었다 하여 영수물에 귀를 씻었다고 전해진다.

생각하기

'제비나 참새 따위가 어찌 기러기와 고니의 뜻을 알겠는가?'

燕雀安知鴻鵠之志

　이 말은 중국 역사상 최초로 농민봉기를 이끈 진승제1장 9항 〈생각하기〉 참조이 동료들의 한심한 작태를 한탄하며 내뱉은 말로 전해진다. 자기 그릇의 크기를 넘어 생각하고 말하기가 결코 쉽지 않음을 뜻한다.

　매사를 자기 주관으로 판단하는 것은 못 말릴 바보짓이다. 공자나 소크라테스 같은 인류 최고의 지성들조차 자신의 한계를 인정하는 데 인색하지 않았는데 하물며 보통 사람에게 있어서야! 자기의 눈높이로 다른 사람을 평가하는 것 역시 어리석다. 키가 큰 사람은 더 높은 곳을 볼 수 있으며 마음이 넓은 사람은 더 많은 것을 담을 수 있다. 마치 지붕이 높고 처마가 깊은 집은 들여다보기가 어려운 것처럼 배움과 지혜는 넓고 깊을수록 헤아리기 어렵다.

주변에 훈수 두기를 즐기는 사람들이 있다. 그들은 행여 조금이라도 못나 보이는 사람을 만나면 한 수 가르치고 싶은 유혹을 떨구지 못하고 함부로 훈계하고 설교하려 든다. 그러나 그들은 자존심에 대한 상처가 얼마나 깊고 오래가는지 모르는 것 같다. 또한 비록 선의일지라도 훈계를 듣는 입장은 전혀 다를 수 있음을 알아야 한다. 시시콜콜한 훈계에 모욕을 느끼며 언제든지 되갚아 줄 궁리를 할지 모른다. 상대를 알기 전에 함부로 떠들고 잘난 체하는 것은 사려가 깊지 못한 탓이다. 진심으로 조언을 요청할 때까지 침묵을 지키며 기다리라.

매미가 대붕大鵬을 비웃으며 말했다.
"나도 결심하고 날면 느릅나무에서 빗살나무까지 갈 수 있다. 어쩌다 가끔 이르지 못하여 땅에 곤두박질할 때가 있지만 그대는 무엇 때문에 구만리 창공을 날아 남쪽으로 간단 말인가?"
들판에 나가는 자는 세 끼만 준비하면 돌아올 때까지 배부를 것이다. 그러나 백 리를 가는 자는 적어도 하루 묵을 양식을 찧어야 하고, 천 리를 가는 자는 석 달 묵을 양식을 준비해야 한다. 매미가 무엇을 알겠는가?

작은 지혜는 큰 지혜에 미치지 못하고 어린아이는 어른의 지혜에 미치지 못한다. 무엇으로 그것을 알 수 있는가? 하루아침에 돋아나는 버섯은 그믐과 초하루를 알 수 없고, 여름 매미는 봄과 가을을 모른다. 그들은 사는 시간이 그만큼 짧기 때문이다.

- 《장자》〈소요유편〉

10
다수가 반드시
옳은 것은 아니다

이야기 3-10-69

합종연횡[35]이 한창일 때이다. 위나라에 간 장의張儀[36]는 진·한·위 세 나라가 연합하여 제나라와 초나라를 쳐야 한다고 주장하였다. 반대로 재상 혜시는 제나라와 초나라와 강화를 맺어 전쟁을 그

---

35 합종연횡合從連橫: 중국 전국시대 진나라를 중심으로 주요 6개국이 자신의 국익과 생존을 위해 펼쳤던 외교전략을 말한다. 진나라에 대항하여 조·한·위·제·초·연 등이 연합하는 것이 합종책인데 소진이 주도하였다. 반대로 연횡책을 주장한 장의는 진나라와 화친하여 인접국의 위협을 막아야 한다고 주장하였다.

36 장의張儀(?~B.C. 309년): 중국 전국시대 소진蘇秦의 합종책合從策에 대항하여 연횡책連衡策을 주장함으로써 진나라의 6국 통일을 주도한 인물이다. 원래 위나라 사람이나 소진의 도움으로 진나라에서 벼슬살이를 시작하여 재상까지 올랐다.

처야 한다고 하였다. 두 사람이 논쟁을 벌이자 좌우 신하들은 모두 장의를 편들었다. 위나라 왕도 장의의 말을 따랐다. 제와 초나라를 치기로 이미 정해진 후 혜시가 입궐하였다. 왕이 말했다.

"선생은 더이상 말하지 말라. 온 나라가 모두 제와 초를 치는 것이 이익이 된다고 하지 않는가?"

혜시가 말했다.

"왕께서는 자세히 살피지 않으면 안 됩니다. 무릇 일을 도모하는 것은 항상 미덥지 않은 점이 있게 마련입니다. 정말로 미더운 점이 없다 하여도 옳다고 여기는 편이 절반은 되어야 하고, 그렇지 않다고 여기는 편 또한 절반은 되어야 합니다. 지금 온 나라가 모두 옳다고 하는 것은 결국 왕께서 절반을 잃은 것이 됩니다."

- 《한비자》〈제30편 내저설 상〉

생각하기

앞면과 뒷면으로 하나를 이루는 동전처럼 세상일은 대개 양면성을 갖고 있다. 동양철학은 그것을 음과 양으로 개념화한다. 그들 중 어느 것이 더 중요하고 우선인지 따지는 것은 의미가 없다. 그들은 하나가 없으면 다른 하나도 의미를 잃는 절대적 보완관계이기 때문이다. 그런 이치를 아는 사람은 함부로 남을 무시하지 않으며 대립보다 공존을 추구한다. 절대 옳거나 그르다고 고집하지 않고 오직 시류와 중용을 따를 뿐이다. 공자가 말한 이른바 '시중時中의 정신'이 그런 것이 아닐까. 언제나 유연한 사고를 견지하면서 처한 상황과 시기에 적합한 선택을 최선으로 여긴다. 세상사의 옳고 그름은 어쩌면 선택의 문제일 수 있다. 그것은 대개 많은 시간이 흐른 후가 아니면 알 수 없거나 영원히 알 수 없는 경우가 허다하기 때문이다.

세상일은 대개 비난하는 편이 있으면 칭찬하는 편도 있게 마련이다. 사람은 누구나 자기의 필요와 이해에 따라 판단하고 행동하기 때문이다. 그렇다면 지나치게 주위의 눈치를 살피며 좌고우면左顧右眄하는 소심함은 이제 거두어도 좋을 듯하다. 누가 무엇이라 하든 오직 자신의 신념과 가치에 따를 뿐 영원한 친구도 용서 못 할 적도 없다. 마찬가지로 이기고 지는 것도 생각하기 나름이며 길게 보면 기쁨도 슬픔도 잠시일 뿐이다.

> 대저 변화라는 측면에서 보면
> 蓋將自其變者而觀之
> 세상은 한순간도 그침이 없으며
> 則天地曾不能己一瞬

불변이란 측면에서 보면

自其不變者而觀之

세상과 나 모두 다 함이 없을 것이니

則物與我皆無盡也

또 부러워할 것이 무엇인가

而又何羨乎

- 소식 〈전적벽부〉

11
이해 충돌은
불가피한 것

이야기 3-11-70

초나라에 직궁이라는 사람이 있었다. 어느 날 그의 아비가 이웃집 양을 훔치자 그는 아비를 관아에 고발하였다. 관아의 영윤이 말했다.

"저 직궁을 죽여라!"

영윤은 직궁이 나라에는 바른 일을 했는지 몰라도 아비에는 불효라고 여겨 벌을 내린 것이다. 그렇게 보면 직궁은 나라에는 올바른 백성일지 모르지만 아비에는 포악한 아들이 된 것이다. 어떤 노나라 사람이 군주를 따라 세 번 싸움터에 나갔다가 세 번 모두 도망하였다. 공자가 그 이유를 묻자 그는 대답하였다.

"저에게는 늙은 아비가 있어 제가 죽으면 아비를 부양할 수 없기 때문입니다."

그를 효성스럽다고 여긴 공자는 오히려 그를 승진시켰다. 그렇게 보면 그는 아비에는 효자일지 몰라도 나라에는 불충한 백성이었다. 아비를 고발한 아들에게 벌을 내리자 초나라에는 더이상 그런 일이 생기지 않았고, 도망한 군인에게 상을 내리자 노나라 사람들은 항복하거나 도망가는 일을 쉽게 여기게 되었다. 이와 같이 위와 아래의 이해는 서로 같을 수 없다. 그럼에도 불구하고 군주가 필부 같은 행동으로 사직의 복을 구한다면 아무것도 기대할 수 없을 것이다.

– 《한비자》〈제49편 오두〉

생각하기

크든 작든 조직은 구성원 개개인의 힘을 모아 주어진 미션을 수행하고 개인은 조직을 통하여 자신의 이상과 꿈을 실현할 수 있다. 그렇게 보면 회사와 당신의 관계는 마치 물과 물고기의 관계와 같고 새와 바람의 그것과 같다. 물고기는 물이 있어야 부력을 이용하여 헤엄칠 수 있고 새는 바람을 만나야 양력이 생겨 하늘을 날 수 있다. 그러므로 '회사가 잘되어야 당신도 잘된다'는 경영자의 주장은 결코 틀린 말이 아니다. 그러나 오늘날 회사와 종사원이 서로 믿지 못하고 싸우는 것은 거의 일상이 되었다. 그동안 2인3각처럼 그들을 묶어왔던 완전고용과 평생직장의 신화가 무너지면서 서로 등을 돌리게 되었다. 당신이 높은 연봉을 좇아서 이직을 꿈꾸듯 회사도 보다 유능한 사원을 찾으면 미련 없이 당신을 버린다. 바야흐로 당신과 회사 모두 너무 '쿨cool'한 시대가 오늘이다.

그러나 아무리 세태가 변하고 직장문화가 달라졌다고 하더라도 회사와 당신은 한때 살을 비비며 살았던 부부 같은 존재라는 사실을 잊어서는 안 된다. 영화 등으로 쉽게 볼 수 있지만 서양 부부들은 이혼 후에도 어려운 일이 생기면 가족처럼 서로 도우며 살아간다고 한다. 설령 회사를 떠나더라도 마지막처럼 행동하지 말라. 이혼한 부부가 다시 결합하는 경우는 너무 많다. 돌아서며 침을 뱉은 우물물을 다시 마시게 될지 모른다. 진심으로 회사가 잘되고 남아 있는 동료가 행복하길 빌어보라. 금방 가슴이 따뜻해지는 것을 느낄 것이며 그런 따뜻한 가슴은 어디서든 환영받을 것이다.

군자는 교제를 끊더라도 상대를 나쁘게 말하지 않고
君子交絶 不出惡聲
충신은 나라를 떠나도 자기 이름만 깨끗이 하지 않는다
忠臣去國 不潔其名

- 《사기》

12
권위를
거스르지 말라

이야기 3-12-71

위나라 왕의 총애를 받는 미자하라는 사람이 있었다. 위나라 국법은 몰래 왕의 수레를 탄 자는 월형[37]에 처하였다. 어느 날 미자하의 어머니가 병이 들자 어떤 사람이 밤중에 미자하에게 그것을 알렸다. 미자하는 왕의 허락도 없이 왕의 수레를 타고 어머니를 보기 위해 성 밖으로 나갔다. 이 사실을 알게 된 왕은 말했다.

"미자하는 참으로 효성스럽구나! 어머니를 위한 마음에 월형의

---

37 월형刖刑: 고대 중국에서 시행되었던 형벌의 일종. 발꿈치를 자르는 형벌이다. 이 밖에 사지를 찢어 죽이는 거열형車裂刑, 거세하는 궁형宮刑, 삶아 죽이는 팽형烹刑, 허리를 자르는 요참형腰斬刑 등이 있었다고 한다.

죄를 마다하지 않았구나."

어느 날 왕과 과수원을 노닐던 미자하는 먹던 복숭아가 달고 맛있어 그 절반을 왕의 입에 넣어 주었다. 왕은 말했다.

"나를 얼마나 사랑했으면 제 입맛도 잊고 내게 주는 것인가!"

세월이 흘러 미자하의 고운 얼굴도 시들고 왕의 총애도 식어갔다. 그러던 어느 날 미자하는 왕에게 작은 죄를 지어 벌을 받게 되었다. 왕이 말했다.

"이 자는 원래 그런 자였다. 언젠가 내 수레를 몰래 타고 나간 적도 있었고 또 내 입에 먹다 남은 복숭아를 넣기도 하였다"

미자하의 행동은 앞과 뒤가 달라진 것이 없었다. 그런 그가 처음에는 칭찬받았지만 나중에 벌을 받게 된 것은 단지 그에 대한 왕의 사랑이 세월 따라 변한 탓이다. 이렇듯 군주에게 간언하거나 무엇이든 의논하려는 선비는 그 군주가 사랑하는 것과 싫어하는 것을 잘 헤아린 이후에 말을 하지 않으면 아니 된다.

- 《한비자》〈제12편 세난〉

생각하기

요즈음을 '탈권위주의' 시대라 한다. 과거 산업화 시대를 이끌던 권위주의 정권이 물러나고 민주화가 진행되면서 권위는 구시대의 유물이 되어 어두운 창고 구석 한쪽에 버려진 듯하다. 그런 사회 분위기 탓인지 모르지만 누군가 행여 권위를 입에 올리기라도 하면 즉시 '꼰대'라는 배타적 딱지가 붙게 되니 어느 정도라도 윗자리에 있다고 여기는 사람은 여간 조심하지 않을 수 없다. 그런데 그것은 대개 권위와 권위주의를 혼동하는 데서 비롯된 것이다.

독일의 사회학자 막스 베버Max Weber 1864-1920에 따르면 권위는 제도화 내지 합법화된 권력으로 자발적 복종을 전제로 하는 점에서 권력과 구별되며 정해진 룰 안에서 작동하는 데서 권위주의와 구별된다. 그래서 권위가 바로 선 사회는 건강하며 권위가 제대로 작동하는 조직은 생산성이 높다. 이처럼 권위는 본래 순기능적 개념이다.

아무리 '권위의 추락 시대'라 하더라도 조직의 생리를 아는 당신은 가볍게 행동하지 않는다. 매사에 민주적이고 말수 적은 조용한 상사, 무엇이든 당신의 요구를 거절하지 않는 직장 선배 등 이들은 얼핏 권위와는 무관한 사람들처럼 보인다. 설령 다른 사람에게 권위적일지 몰라도 당신만큼은 예외인 것 같다. 그러나 죽을 때까지 포기하지 못하는 것은 자신의 존엄, 즉 권위를 지키려는 욕구라는 것을 잊어서는 안 된다. 그것을 간과한 채 윗사람의 사랑을 탈권위로 오인하여 응석을 부리거나 함부로 행동하는 것은 정말 못 말릴 어리석음이다.

동양고전에 자주 등장하는 말로 '친압親狎'이란 단어가 있다. '버릇없이 지나치게 친한 척하다'로 풀이되는 이 말은 누구든 섬기는 입장에 있는 사람이 자신을 경계하여 쓰던 말이다. 친절한 상사일수록 오히려 권위에 대한 애착이 더 강할 수 있다. 남을 배려하고 친절한 만큼 상응한 보답을 기대하는 것은 당연하지 않은가. 친절에 감사하고 그것을 누리는 것은 누구에게도 이익이다. 그러나 '친절'을 '친압'으로 보답하는 행위는 반드시 그의 분노를 사고 말 것이다.

친근함이 지나치면 서로 허투루 대하게 되고
狎甚則相簡

엄숙함이 지나치면 가까이하기 어렵다

莊甚則不親

그러므로

是故

군자의 친함은 서로 사귀는 즐거움으로 족하고

君子之狎足以交歡

군자의 엄함은 예를 갖추는 정도에 그쳐야 한다

莊足以成禮而已

- 《공자가어》

13
변심은
무죄

이야기 3-13-72

진나라의 중항 문자가 망명길에 올라 어느 현을 지나게 되었다. 그의 종자가 말했다.

"이곳의 색부지방 관아에서 소송과 징세를 담당한 하급 관리는 주군께서 잘 아는 사람이 아닙니까? 그 사람 집에서 잠시 쉬면서 뒤따라오는 마차를 기다리면 어떻겠습니까?"

문자가 대답하였다.

"예전에 내가 음악을 좋아할 때 그는 좋은 악기를 보내왔고, 패옥을 좋아한다고 하자 귀한 옥 반지를 보내왔다. 그것이 오히려 나의 과오를 키운 것이다. 나로부터 인정받고 싶어 했던 그가 나를 이용하여 다른 사람으로부터 인정받으려 하지 않을까 두렵구나."

문자는 멈추지 않고 바로 그곳을 지났다. 과연 색부는 뒤따르던 마차 두 대를 빼앗아 자기가 모시는 군주에게 바쳤다.

- 《한비자》〈제23편 설림 하〉

생각하기

인간의 변심은 무죄라 하던가? 어제까지 봄바람 같던 상사가 오늘 갑자기 매서운 한파가 되었다고 원망하지 말라. 원래 사랑과 증오는 그 시작과 끝이 하나라고 하지 않던가. 금방 쓸개라도 내줄 것 같던 부하가 졸지에 비수를 들이대더라도 행여 자책하지 말라. 그것은 그의 선택일 뿐 당신 탓이 아니다. 퇴직한 선배를 찾지 않는 후배의 무정을 탓하지 말라. 단지 먼저 찾아야 할 상대가 생긴 것뿐이다.

금방 낡아 없어지는 것이 무엇이냐고 묻자
'감사하는 마음이다'라고 아리스토텔레스가 대답했다.

- 디오게네스

반복하지만 사람은 자기의 필요에 따라 말하고 행동하는 경향이 있다. 그의 변심은 그 필요가 이미 충족되었거나 아니면 사라진 것일 뿐 당신 탓이 아니다. 그러므로 변심을 원망하기보다 차라리 변심할 수 없도록 만드는 것이 낫다. 의도적이라도 필요를 유발하여 계속하여 당신을 찾도록 하는 것이다. 한편으로 따뜻한 봄날이면 처마 밑에 둥지를 틀던 제비도 날씨가 추워지면 모두 떠난다. 곁을 지키던 친구들도 겨울이 왔다고 느끼면 제비처럼 금세 사라지고 만다. 떠날 것은 떠나게 되어 있다. 어차피 하늘은 스스로 돕는 자를 돕는다고 하지 않던가. 섭섭해하거나 원망하기보다 모든 것을 자연으로 받아들이는 자세를 가지라.

군자는 몸을 바르게 한 후 기다릴 뿐

君子正身以俟

오려고 하는 자 내치지 않고

欲來者不距

가려고 하는 자 붙잡지 않으리

欲去者不止

― 《순자》〈법행편〉

14
인정받기의 어려움

이야기 3-14-73

초나라 사람 화씨가 초산에서 얻은 옥돌을 려왕에게 바쳤다. 왕은 옥장이를 시켜 그것을 감정하도록 하였다. 옥장이가 말했다.
"이것은 그냥 돌입니다."
왕은 화씨가 자기를 속였다고 그의 왼쪽 발을 잘랐다. 무왕이 즉위하였다. 화씨는 그 옥돌을 다시 무왕에게 바쳤다. 무왕 역시 옥장이에게 감정하도록 하였다.
"이것은 그냥 돌입니다"
무왕도 자기를 속였다고 이번에는 그의 오른발을 잘랐다. 문왕이 즉위하였다. 화씨는 그 돌을 안고 초산 기슭에서 사흘 밤낮을 통곡한 나머지 눈물이 말라서 피눈물까지 흘렸다. 왕이 사람을 보

내 물었다.

"천하에 형벌로 발을 잘린 자가 한둘이 아닌데 그대는 어찌 그렇게 슬피 우는가?"

화씨가 대답하였다.

"저는 발을 잘린 것을 슬퍼하는 것이 아닙니다. 오직 보석을 돌이라고 우기고 곧은 선비를 거짓말쟁이라고 비난하는 것을 슬퍼하는 것입니다."

마침내 왕이 옥장이에게 그 옥돌을 갈고 다듬게 하니 훌륭한 보옥이 되었다. 이른바 화씨의 보옥[38]이 그것이다.

- 《한비자》〈제13편 화씨〉

---

38 화씨의 보옥: 일명 화씨벽이라고 부른다. 《사기》〈인상여열전〉을 보면 진나라 소양왕이 이 화씨벽을 욕심내 15개 성과 바꾸자고 조나라 혜문왕에게 제안하고서 약속을 지키지 않았다. 화씨벽을 들고 진나라에 사신으로 간 인상여가 목숨을 걸고 그것을 지켜내 조나라로 돌아오니, 이른바 완벽完璧이란 말의 유래가 되었다. 그 후 이 화씨벽은 진시황의 옥쇄가 되었다고 한다.

생각하기

세상을 살면서 당신은 언제 행복감을 느끼는가? 사람마다 다를 수 있지만 대체로 타인으로부터 사랑과 인정을 받을 때가 아닐까 싶다. 그렇다. 세상은 처음부터 독불장군 같은 것은 없다고 보는 것이 맞다. 어차피 인생은 사랑하고 미워하며 밀고 또 당기며 사는 것이 아니던가. 그렇게 어우러진 삶 속에서 타인의 사랑과 인정을 구하고 그것을 채움으로써 우리는 행복을 느낀다. 그런 탓에 의식적이든 무의식적이든 우리는 나름 사랑받는 방법을 찾고 그것을 학습해 왔다. 그들 중 가장 친숙한 보편적 원리는 '호의를 받고 싶으면 먼저 호의를 베풀라'이다. 성인 공자는 이 원칙을 부정문 형태로 표현한다.

네가 하고 싶지 않은 것을 다른 사람에게 시키지 말라
己所不欲 勿施於人

- 《논어》

살다 보면 노력에 합당한 대우를 제대로 받지 못하는 경우가 있다. 한편으로 억울하고 섭섭한 마음이야 말로 다할 수 없지만 다른 한편으로 그들의 무심을 마냥 원망할 수도 없다. 당장 하루 살기가 바쁜 그들에게 어찌 당신의 일거수일투족을 헤아려 그때마다 합당한 대우를 하라고 요구할 수 있겠는가? 진심을 다했으면 인정과 위로는 타인의 몫으로 남기고 기다리라. 진정으로 자기를 믿는다면 기다리며 고통을 감내하는 것 또한 그 위대함을 더 한다는 것을 잊지 말자.

지금의 이 기쁨이 사라지기 전에 만족하고,
의젓하게 웃음을 지으며 고통을 누그러뜨려라.
모든 것이 행복하다는 말은 아예 존재하지 않는다.

- 호라티우스

진문공의 풍찬노숙風餐露宿

중국 춘추시대 진나라 헌공은 신생과 중이와 이오 등 세 아들을 두었다. 헌공은 오랑캐 융족 출신 여희의 미모에 빠져 주위의 만류를 뿌리치고 그녀를 부인으로 삼아 혜제를 낳았다. 헌공은 왕자 신생을 이미 태자로 삼은 뒤였지만 여희의 성화에 못 이겨 태자를 폐위하고 혜제를 후계자로 삼으려 하였다. 마침내 제사 음식에 독약을 넣은 여희의 음모에 빠진 태자 신생은 곡옥으로 도망하니 왕은 태자의 사부 두원관을 죽였다. 중이와 이오 두 공자 역시 포성과 굴읍으로 각각 도망하였다. - 중략 -

결국 태자 신생은 스스로 목을 맸다. 헌공은 둘째 아들 중이가 도망한 포읍에도 군대를 보내 그를 죽이려 하였다. 중이는 담을 넘어 외가인 적나라로 도망하였다. 이때 중이의 나이 43세, 당시로는 적잖은 나이였다. 그 후 중이는 바람에 불리며 밥 먹고 이슬 맞으며 잠자는 등 풍찬노숙을 거듭하는 혹독한 망명생활을 19년이나 할 수밖에 없었다. 수중에는 재물이 하나도 없어 배를 곯고 구걸하여 연명하는 날도 많았다. 그렇게 19년을 버티면서 천하를 방랑하는 동안 중이는 백성들의 고초를 몸소 겪고 세상이 돌아가는 이치와 정세를 파악하였다. 이런 고생과 경험이 후일 나이 60이 넘어 군주가 되었을 때 나라를 다스리는 큰 자산이 되었다. 그는 마침내 제환공에 이어 춘추오패 중 두 번째 패자인 진문공으로 이름을 떨칠 수 있었다.

― 《춘추좌씨전》 발췌

15
설득의
기술

이야기 3-15-74

위나라 사람 주조가 제나라 사람 궁타에게 말했다.

"저를 위해 제나라 왕께 말씀드려 주십시오. 저를 도와 제가 위나라에서 중요한 인물로 행세할 수 있도록 해주면 우리 위나라가 제나라 왕을 섬기게 하겠습니다."

그러자 궁타가 말했다.

"그 말은 옳지 않소. 그것은 그대가 위나라에서 아무런 세력이 없음을 나타내는 것과 같습니다. 제나라 왕은 아무런 세력도 없는 그대를 돕다가 귀국의 원한을 사는 짓은 하지 않을 것입니다. 그것보다 '왕이 원하는 것이 있으면 위나라가 받아들이도록 우리 왕께 말씀드리겠다'고 말하는 것이 낫습니다. 그러면 제나라 왕은 그대가 위나라에서 힘이 있다고 여겨서 그대에게 기댈 것입니다. 그것이 그대가 우리 제나라와 위나라 두 곳에서 모두 세력을 얻는 길입니다."

- 《한비자》〈제23편 설림 하〉

생각하기

설득하려 할 때 가장 먼저 할 일은 상대가 좋아하는 것과 싫어하는 것을 모두 살피는 것이다. 그래서 좋아하는 것은 더욱 높여 권장하고, 싫어하는 것은 가급적 언급을 자제하거나 불가피한 경우라도 강약의 묘미를 잘 살려야 한다.

대체로 남을 설득하기 어려운 이유는 설득하는 데 필요한 나의 지식이 부족한 탓도 아니고, 나의 의사를 밝히는 데 필요한 언변이 부족한 탓도 아니며, 내가 말을 거리낌 없이 자유자재로 다하기 어려운 데 있는 것도 아니다. 설득의 어려움은 상대방의 마음을 알아차려서 나의 말을 그의 마음에 맞도록 하는 데 있다.

- 《한비자》〈세난편〉

한비자는 진정한 설득의 기술은 나를 무장하는 데 있지 않고 상대의 마음을 알아차리는 데 있다고 한다. 상대가 마음으로 이익을 좇으면서 겉으로 명예를 높이 여기는 체하면 비록 명예를 말할지라도 이익으로 설득한다. 반대이면 명예를 더욱 아름답게 꾸며주고, 이익은 가볍게 넘어간다. 특히 지위가 높거나 다루기 어려운 사람은 더욱 신경 써야 한다.

칭찬하는 것도 직접 그를 들먹이기보다 같은 장점을 가진 다른 사람을 칭찬한다. 잘못을 지적하려면 같은 잘못을 한 다른 사람을 예로 든다. 직접적 언급보다 가급적 우회적으로 접근하는 것이 효과적이라는 뜻이다. 당신의 은근한 배려를 알아차린 그는 당신의 설득에 호의를 보일 것이다.

협상이나 거래에서 자기 카드를 먼저 내보이는 것은 바보짓이다. 그러나 반드시 성사시켜야 할 거래는 다르다. 먼저 양보하여 협상의 주도권을 쥐는 것이다. 이때 마이너스보다 플러스 화법을 쓰는 것이 더 효과적이다. 즉, '당신이 ~하지 않으면 나도 ~하지 않는다' 보다 '내가 ~할 것이니 당신도 ~하라'고 말한다. 주고받는 것은 같지만 먼저 양보하는 측이 심리적 우위에 설 수 있다.

협상 테이블에 앉아 자신과 회사에 대해 장광설을 늘어놓는 사람들이 있다. 훗날 더듬어 보면 그것은 대부분 자화자찬이거나 자학 중 하나로서 모두 협상력만 약화시킨 것을 알 것이다. 좋은 제안과 나쁜 제안이 있으면 좋은 것부터 전하라. 좋은 것은 나쁜 것이 주는 불쾌감을 완화시킬 수 있지만 앞선 불쾌감은 언제나 그 뒷맛이 개운치 않을 것이다.

16
직언과 충고는
양날을 가진 칼

이야기 3-16-75

범문자[39]가 왕에게 간언을 즐겨 하자 그 부친인 무자가 지팡이로 그를 두드리며 말했다.

"무릇 직언하기 좋아하는 자를 사람들은 잘 받아들이지 않는다. 그러면 그 몸은 위태로워진다. 제 몸만 그런 것이 아니라 그 아비까지 그렇게 된다."

자산은 자국의 아들이다. 자산이 정나라 군주에게 충성을 다하

---

[39] 범문자范文子(?~B.C. 574): 춘추시대 진晉나라 대부로 노자의 제자로 공자와 비슷한 시기를 살았던 인물이다. 진나라 여공 7년 언릉에서 초나라 군대를 격파하여 위세를 떨치기도 하였다. 그의 행적을 담은 《문자文子》가 전해지고 있다.

자 자국이 아들을 꾸짖었다.

"무릇 너 혼자 충성을 다할 경우, 군주가 현명하면 네 말을 듣겠지만 그렇지 않을 수도 있다. 그사이 너는 이미 다른 신하들과 멀어질 것이니 그러면 반드시 네 몸은 위태롭게 될 것이다. 단지 너만 그렇게 되는 것이 아니라 너의 아비도 그렇게 될 것이다."

- 《한비자》 제33편 외저설 좌하

생각하기

자기의 허물에는 관대하지만 남의 허물에는 야박한 것이 인심이다. 내 허물은 속눈썹처럼 눈에 가까워 오히려 잘 볼 수 없지만 남의 것은 멀리 있어도 금방 눈에 띄어 한마디 하지 않을 수 없다. 이 같은 인간의 약점을 간파한 성인들은 일찍이 반구저신反求諸身 돌이

켜 자신에게서 모든 책임을 구한다을 거울삼아 자신의 허물을 먼저 살폈다.

'무엇이 가장 어려운가?'라고 묻자 탈레스는
'자신을 아는 것'이라고 대답하였다.
'무엇이 가장 쉬운가?'라고 묻자
'타인에게 충고하는 것'이라고 대답했다.

- 디오게네스

직언이나 충고 같은 쓴소리를 하는 경우는 더욱 그렇다. 말은 일단 내뱉으면 엎드러진 물과 같아 다시 주워 담기 어렵다. 더욱이 귀에 거슬리는 말을 듣는 입장을 생각해 보라. 어지간한 도량이 아니면 스스럼없이 자기 허물을 인정하기가 쉽지 않다. 오히려 자신에 대한 도전이나 불순한 의도로 오해할 여지가 충분하다. 그래서 아무리 진심이라도 간언을 자주 하면 미움받기 쉽고 충고가 잦으면 사이가 멀어진다. 직언이나 충언은 마치 양날을 가진 칼과 같아 내미는 쪽이 먼저 다칠 수 있다. 그래서 꼭 필요할 때 자리와 우정을 걸고 하지 않으면 안 된다. 비단 그것뿐이겠는가? 말하기는 그 자체로서 결코 쉬운 것이 아니다. 한비자 같은 천재도 그 어려움을 이렇게 토로하고 있다.

말에 거스름이 없고 아름답고 윤기가 나면서 성대하게 끊어지지 않으면 겉은 화려하지만 실속이 없어 보이고, 정중하고 공손하면서도 강직하고 신중하면 서투르고 조리가 없어 보인다. 말을 많이 하고 번잡하게 사례를 들어 비교하고 헤아리면 허황되고 쓸모가 없다고 여기며, 자질구레한 것을 종합하여 요점만을 말하고 민첩 간결하여 꾸밈이 없으면 사리에 어둡고 말솜씨가 없다고 여긴다. 친근하게 굴면서 다른 사람의 속마음을 더듬어 살피면 주제넘고 겸손치 못하다고 생각하며, 뜻이 크고 넓고 미묘 심오한 것이면 공허하여 쓸모가 없다고 여긴다. 반대로 집안의 수입과 지출을 관리하듯 자잘하게 자세한 수치를 들어 말하면 비루하다고 여기는 것이니 이것이 바로 내가 말하기가 어렵다고 크게 걱정하는 이유이다.

— 《한비자》〈난언〉

17
사당의 쥐도
나름 역할이 있다

이야기 3-17-76

환공이 관중에게 물었다.

"나라를 다스리는 데 가장 큰 걱정거리가 무엇인가?"

"사당에 사는 쥐입니다."

"사당의 쥐 따위가 어찌 큰 걱정거리란 말인가?"

"군주께서도 사당을 만드는 것을 보셨겠지요. 나무를 세우고 진흙을 바르지만 쥐가 구멍을 만들고 들어가 삽니다. 연기를 피워 쫓아내려 하니 사당을 태울까 걱정이고, 물을 부어서 쫓아내려 하니 벽이 무너질까 걱정입니다. 사당의 쥐는 어쩔 수 없는 것입니다. 지금 좌우 신하들은 백성들 소유를 빼앗고 또 파당을 지어 그들의 악행을 군주에게 숨깁니다. 그들을 처벌하지 않으면 법이 어지럽

게 되고, 그들을 죽이면 군주가 불안해져 내버려 두고 있는데 그들은 바로 나라를 좀먹는 사당의 쥐 같은 존재들입니다."

- 《한비자》〈제34편 외저설 우상〉

생각하기

옛말에 '한 척에도 짧은 것이 있고, 한 마디에도 긴 것이 있다'尺有所短 寸有所長《사기》고 하였다. 세상 만물은 모두 그 장단점을 가지고 있다는 뜻이다. 해악만 될 것 같은 바이러스도 그것이 없으면 인간의 면역체계가 바로 설 수 없다고 한다. 성공을 최우선 가치로 삼는 현대 자본주의 사회에서 노숙자는 실패자라는 낙인을 피하기 어렵다. 그런 그들도 나머지 사회 구성원들에게 반면교사가 될 수 있다. 누구도 사회적 재난으로부터 자유로울 수 없다는 것과 더불어 사회적 잉여 산물로 취급당하지 않으려면 열심히 일하라는 메시지가 그것이다.

최상의 효율로 최적의 조합을 이루어 내는 조직은 일종의 유토피아이다. 언덕 넘어 무지개를 좇듯이 그런 유토피아를 좇다 막바지에 다다른 곳이 오늘날의 삭막한 직장문화가 아닐까. 능률과 최적화는 높은 생산성을 보장할지 모르지만 인간성의 상실 등 놓치는 것 또한 적지 않다. 다소 비능률적이며 엉성할지라도 다양한 역할이 서로 조화를 이룰 때 직장은 살 만한 재미가 있을 것이다. 수확이 끝난 들판에서 흘린 이삭을 줍는 것은 하찮은 일처럼 보인다. 그러나 누군가 하지 않으면 수확은 완전히 끝나지 않는다. 하찮아 보이는 어떤 것도 나름의 존재 이유가 있는 것이다.

20%의 법칙

이탈리아의 경영 컨설턴트 조지프 듀란은 회사의 상위 20% 종업원이 전체 생산의 80%를 담당하는 현상을 발견하고서 이것을 '파레토의 법칙'이라고 하였다. 1896년 이탈리아의 20% 인구가 80%의 땅을 소유한다고 말한 소위 파레토의 법칙을 그대로 적용한 것이다. 개미사회에서도 이런 현상이 관찰되었다. 20%의 개미가 전체의 80%의 일을 하고 나머지 80% 개미는 20%의 일만 할 뿐이다. 여기서 열심히 일하는 20%만 다시 모아 놓아도 이 법칙은 그대로 적용된다고 한다. 결국 회사의 전체 성과의 80%는 상위 20%가 해내고 나머지 20%의 성과는 하위 80%가 기여할 뿐이다. 파레토 법칙은 만약 모든 구성원의 능력을 100% 완전 연소하려고 하면 오히려 조직은 위태롭게 될 수 있다는 점을 시사하고 있다.

18
이기고자 하면
지는 법

이야기 3-18-77

조양자가 왕어기로부터 마차 모는 법을 배운 지 얼마 후 왕어기와 마차 경주를 하게 되었다. 조양자는 경주하는 동안 세 번이나 말을 바꾸어 몰았으나 모두 졌다. 조양자가 말했다.

"그대는 나에게 마차 모는 법을 가르쳤는데 그 기술을 다 가르치지 않은 것 아닌가?"

왕어기가 대답하였다.

"주군은 말을 모는 기술은 충분하지만 그것을 사용하는 것이 지나칩니다. 대체로 마차를 몰 때 중요한 것은 말이 수레에 편안하고 사람과 말이 서로 잘 맞아야 합니다. 그래야 마차가 속도를 낼 수 있고 또 멀리 갈 수 있습니다. 주군은 뒤처지면 따라잡으려 애쓰고, 앞서면 잡힐까 두려워합니다. 무릇 서로 먼저 달리려 하다 보면 앞서지 않으면 뒤처지기 마련입니다. 그런데 앞설 때나 뒤처질 때나 온통 마음을 저에게 쓰고 계시니 어떻게 말과 조화를 이루겠습니까? 그것이 주군께서 저보다 뒤처지는 이유입니다."

– 《한비자》〈제21편 유로〉

생각하기

일에 있어서 경쟁심과 승부욕은 마치 비행기의 프로펠러와 같다. 추동력 없는 로켓을 상상할 수 없듯이 사람에게 경쟁심과 승부욕 역시 그렇다. 그러나 지나치게 승부에 집착하는 모습을 보는 것은 그리 유쾌한 일은 아닌 성싶다. 더구나 그것이 초조함과 조바심으로까지 비친다면 당신 능력에 의문이 이는 것은 물론이고 경쟁자들은 호재를 만난 듯 떠들어 댈 것이다. 설령 일이 잘 풀리지 않을 때면 억지라도 여유를 보이라. 그리고 인내심을 가지고 일에 더욱 집중한다. 그렇게 태연자약한 당신 모습에 오히려 경쟁자들이 불안을 느낄 것이다.

두려움과 초조함 때문에 일을 서두르다 보면 자칫 더 큰 문제를 일으킬 수 있다. 잘못하면 처음부터 천천히 했을 때보다 더 많은 시간과 에너지를 허비할 수 있다. 서두르는 것은 얼핏 빠른 것처럼 보이지만 오히려 손해를 볼 때가 많다. 두렵고 위험하다고 느끼면 일부러 속도를 늦추라. 아니면 잠시 아예 아무런 행동도 취하지 않는 것이 좋다. 그리고 기다리라. 시간이 흐르다 보면 생각지 않은 기회가 올 수 있다. 적국에 잡혀가 갖은 모욕을 당하며 때를 기다렸던 월나라 왕 구천의 이야기를 들어보자.

와신상담臥薪嘗膽

중국 춘추시대 오나라 왕 합려는 이웃 월나라를 치다가 화살을 맞아 죽게 되었다. 합려의 뒤를 이은 부차는 아버지의 원수를 갚겠다는 마음에 편한 잠자리를 마다하고 일부러 땔감 나무 위에서 잠을 자면서(臥薪와신) 복수를 기다렸다. 마침내 부차는 월나라 왕 구천을 쳐서 회계산에서 그를 포위하기에 이르렀다. 구천은 범려의 간책에 따라 부차에게 항복을 청원했다. 책사 오자서의 강력한 반대에도 불구하고 부차는 월나라의 뇌물을 받아 챙긴 재상 백비의 간청을 받아들여 구천을 노비로 삼았다가 3여 년이 흐른 후 마침내 귀국까지 허락하였다. 간신히 목숨을 건진 구천은 회계산의 치욕을 잊지 않기 위해 곰 쓸개를 걸어 두고 핥으면서(嘗膽상담) 복수를 준비했다. 마침내 20여 년이 지나 모든 준비를 마친 구천이 부차를 공격하였다. 부차는 패하여 목숨만은 살려주겠다는 구천의 제의를 마다하고 스스로 목숨을 끊음으로써 오나라는 멸망하게 되었다.

- 《사기》〈월왕구천 세가〉

19
심기는 어려워도
뽑히기는 쉽다

이야기 3-19-78

  진진이 위나라 왕에게 귀한 인물로 대접받자 혜자가 진진에게 말했다.
  "반드시 왕 주위의 신하들과 잘 사귀어 두시오. 무릇 버드나무는 옆으로 심어도 잘 살고 거꾸로 심어도 잘 살고 꺾어 심어도 역시 잘 살아납니다. 그러나 열 사람이 심어도 한 사람이 뽑아버리면 버드나무는 살 수 없습니다. 열 사람이 심어 쉽게 키울 수 있는 물건이 한 사람을 당할 수 없는 것은 무슨 이유이겠습니까? 심기는 어려워도 뽑기는 쉽기 때문입니다. 아무리 왕에게 자신을 잘 심었다 할지라도 뽑으려는 사람들이 많으면 그대는 위태로워질 것이오."

– 《한비자》〈제22편 설림 상〉

생각하기

 성공보다 실패를 더 크게 보는 것이 사람의 눈이다. 혀는 좋은 일에 대한 찬사보다 나쁜 일에 대한 험담에 더 재빠르다. 평생 이룩한 업적도 하나의 오점을 지우기에 충분치 않다는 것은 그런 의미에서 진실이다. 그럼에도 불구하고 실패와 비난이 두려워 아무것도 하지 않는 것은 바보짓이다. 아무것도 하지 않으면 얻을 것도 잃을 것도 없으니 그것은 죽음을 의미한다. 대부분의 실패는 적잖은 대가를 요구하지만 기꺼이 감수하는 것은 그것이 결코 낭비가 아님을 알기 때문이다. 주변을 둘러보라. 실패가 성공으로 보상받는 사례를 만나는 것은 결코 어렵지 않다.

 무엇을 어떻게 하든 가장 치명적인 것은 성공으로 교만해지는 것이다. 대체로 성공은 겸손보다 오만에 더 친화적이다. 만약 성공이 겸손을 배필로 맞이하면 그것은 하늘이 내려준 천상의 궁합으로서 가는 길마다 성공을 향하여 붉은 카펫을 깔아 줄 것이다. 가끔 영어囹圄의 몸이 된 저명인사들 중 강물에 몸을 던지거나 음독을 시도했다는 보도를 접한 적이 있을 것이다. 참으로 안타까운 일이지만 그런 극단적 선택을 하는 심리는 무엇일까 궁금하다. 단정할 수 없지만 많은 경우 자존심에 대한 상처를 이기지 못한 탓이 아닐까 생각한다. 더 솔직히 말하면 그들 마음에 내재된 선민의식 같은 오만함이 그 뿌리라고 하면 지나칠까? 자존심이나 오만은 겸손에 비해 시련에 덜 탄력적이다. 오만한 눈에는 세상이 모두 적으로 보이기 쉬운 것이다.

시경詩經에 '미불유초靡不有初 선극유종鮮克有終'이란 말이 있다. '시작이 없는 것은 없지만, 끝이 제대로 있는 것은 드물다'는 뜻이다. 그래서 마지막까지 잘하라는 것이다. 인생을 유종의 미로 안내하는 길라잡이로서 겸손보다 더 좋은 것은 없다.

20
남들이 하기 싫어하는
일을 하라

이야기 3-20-79

초나라 장왕이 전쟁에서 이긴 후 큰 공을 세운 손숙오에게 땅을 상으로 내리고자 하였다. 손숙오는 한수漢水 근처의 땅을 청했는데 그곳은 모래와 돌이 가득하여 황무지와 다름없는 곳이었다. 초나라 법은 신하에게 봉록을 땅으로 줄 경우, 2대가 지난 후에는 그 땅을 거둬들이게 되어 있었다. 그러나 손숙오의 후손들은 그 땅을 계속하여 소유하였다. 조정에서 땅을 거둬들이지 않은 것은 그곳이 매우 척박한 땅이었기 때문이다. 그리하여 손숙오 후손들은 9대에 이르기까지 그 땅을 가지고 조상 제사를 계속할 수 있었다. 옛말에 "잘 세우면 뽑히지 않고 잘 품으면 빠져나가지 않으니 자손들의 제사가 해마다 끊이지 않는구나" 하였으니 이것은 손숙오와 그 후손들을 두고 한 말이다.

- 《한비자》〈제21편 유로〉

생각하기

우리 속담에 '사촌이 논을 사면 배가 아프다'는 말이 있다. 고대 로마의 어느 시인은 '남의 밭이 더 크고 비옥해 보인다'는 말로 사람의 시기심을 풍자하였다. 양洋의 동서, 시時의 고금을 막론하고 시기심은 욕망의 빗나간 얼굴로서 적잖은 비난을 받아 왔다. 그럼에도 불구하고 어느 현인도 영웅도 그것에서 완전히 자유로운 사람은 없었으니 인간은 시기심을 아예 타고난 것 같다.

누군가 행운을 잡았다는 소문이 들리면 처음에는 그저 그런 반응을 보이던 사람들도 시간이 흐르면 살짝 부러움과 질투를 느낀다. 그런 와중에 그것을 조금이라도 과시하는 듯한 눈치라도 보여 보라. 질투는 곧바로 적대감으로 커질 것이다. 작은 행운이라도 사람들로부터 진정한 축복과 존중을 받는 데는 시간과 노력이 필요하다. 존중심에 섣불리 달려들지 말고 스스로 무르익도록 기다리라. 그런 동안 상응하는 의무와 명예를 다한다. 사람들은 머지않아 당신의 행운이 요행이 아니라 노력의 결과였다고 이구동성으로 말할 것이다.

경쟁자들의 시기심을 한 방에 잠재울 방법은 없을까? 그것은 그들이 부러워하는 일보다 차라리 싫어하는 일을 자청하면 된다. 둘의 차이는 알고 보면 백지 한 장의 두께만큼도 안 되는 경우가 많지만 게으름과 시기심이 그 차이를 크게 만들 뿐이다. 성공하려면 마음을 넓게 써야 한다. 어떤 것이든 손해를 감수할 준비를 하고 있는 상대에게 오히려 선물을 주면 어떻게 될까? 뜻밖의 선심에 감동한 그는 십중팔구 추종자를 자청할 것이다.

모수자천毛遂自薦: 모수가 자신을 천거하다

전국시대 말기 진시황의 공격을 받은 조나라 혜문왕은 동생이자 재상인 평원군을 초나라에 보내 원군을 요청하려 하였다. 평원군은 함께 갈 사신단을 20여 명의 식객으로 꾸리면서 19명은 선발하였으나 마지막 한 명을 결정하지 못하고 있었다. 어차피 성공하기 어려운 일인 줄 아는 식객들은 대부분 사신 가는 일을 탐탁잖게 여긴 터였다. 이때 모수라는 식객이 앞으로 나섰다.

"주군, 저를 데려가 주십시오."

평원군이 물었다.

"그대는 내 집에서 묵은 지 얼마나 되었소?"

"이제 삼 년쯤 된 듯합니다."

"재능이란 주머니 속 송곳처럼 밖에 드러나기 마련이오. 그런데 삼 년이나 되었다는 그대를 나는 처음 보는 것 같으오."

주위의 식객들이 서로 쳐다보며 그를 비웃었다. 모수가 대답했다.

"주군께서 지난 삼 년 동안 저를 한 번도 주머니에 넣어 보지 않았기 때문일 것입니다. 이번에 저를 주머니에 넣으면 송곳의 끝뿐만 아니라 아예 그 자루까지 드러나게 될 것입니다."

모수의 재치 있는 답변에 평원군은 만족해하면서 그를 사신단에 포함시켰다. 마침내 초나라에 도착한 평원군은 초나라 왕과 회담을 갖게 되었다. 그러나 회담은 해가 중천에 뜨도록 결론을 내지 못하였다. 이때 모수는 주위의 만류에도 불구하고 회담장에 홀로 들어가 과감한 행동과 뛰어난 언변으로 초나라 왕을 설득하는 데 성공하였다. 덕분에 평원군은 초나라의 원군은 물론 국빈으로 성대한 대접을 받았다. 귀국한 평원군은 모수를 상객으로 예우하였음은 물론이다.

- 《사기》〈평원군 열전〉

21
표정을 관리하라

이야기 3-21-80

위나라 문후가 이웃 나라 조나라의 길을 빌려 멀리 중산국을 치려 하였다. 조나라 숙후가 그것을 허락하지 않자 대신 조각이 말하였다.

"군주께서 잘못하고 계십니다. 위나라가 중산국을 공격하다가 이기지 못하면 위나라는 반드시 피폐해질 것입니다. 위나라가 피폐하면 그것은 우리 조나라가 강해지는 것과 같습니다. 설사 위나라가 중산국을 쳐서 빼앗더라도 우리 조나라를 거치지 않으면 중산국을 다스릴 수 없습니다. 이것은 군사를 일으킨 것은 위나라지만 그 땅을 얻은 것은 우리 조나라가 되는 것입니다. 그러니 군주께서는 그것을 허락하되 너무 기쁜 표정을 보이면 안 됩니다. 그것이 우리에게 이익이라고 알려지면 저들이 출병을 그만둘 수 있습니다. 군주께서는 길을 빌려주되 어쩔 수 없는 것처럼 보여야 합니다."

– 《한비자》〈22편 설림 상〉

생각하기

표정을 관리하는 것은 생각만큼 쉬운 일은 아니다. 느낌대로 표현하는 것은 오히려 쉽지만 관리라는 의식적 행동이 더해지면 부자연스럽고 어색하다. 그러나 숙달한 배우는 웃어야 할 때 웃고 울어야 할 때 운다. 세련된 인격은 아무리 화가 나도 웃는 얼굴로 악수하며 아무리 기뻐도 상대의 불운에 웃지 않는다. 표정 관리는 바로 책임감의 발로이다.

오래전 일이지만 필자에게 충격을 주었던 한 장면이 있었다. 2004년 3월 고 노무현 전 대통령에 대한 탄핵안이 국회 본회의에서 통과될 때이다. 탄핵안건의 가결이 선포되자 만면에 미소를 지으며 본회의장을 돌던 한 여성의원이 TV 화면에 잡혔는데 그녀는 박근혜 전 대통령이었다. 국가적으로 매우 엄중한 상황에서 상대의 불행을 즐기는 듯한 그녀의 행동은 두고두고 뇌리에 가시지 않았다.

중국인들은 이중인격을 오히려 세련된 인격으로 여기는 경향이 있다고 들었다. 그것은 자기의 신조를 지키면서 상대방의 처지를 함께 고려하는 기술로서 오랜 훈련과 절제가 없으면 불가능하기 때문이라고 한다. 그러나 우리는 오히려 표리부동表裏不同으로 폄하하는 경향이 강한 것 같다.

생각하면 그 같은 인식의 차이는 옳고 그름의 문제이기보다 문화의 차이가 아닌가 싶다. 가식이라도 일단 좋은 표정을 지으면 호평까지는 몰라도 최소한 무뢰한이란 악평은 면할 수 있다. 그런 의미에서 아무리 표리부동으로 폄하할지라도 이중인격에게 결례를 넘어 무례까지 감수할 책임은 없어 보인다. 누구에게도 정중하고 친절한 인격은 상응한 존중을 받아 마땅하기 때문이다.

예의는 위조지폐와 같아서 그것을 가지고 인색하게 구는 것은 어리석은 짓이다. 분별력 있는 사람은 그것을 넉넉하게 베풀 줄 안다. 왁스는 원래 단단하고 부서지기 쉬운 것이지만 약간의 온기만 있으면 부드러워져서 어떤 형태로도 바꿀 수 있다. 마찬가지로 정중하고 친절한 태도는 괴팍하고 심술궂은 상대를 유순하게 만들 수 있다. 예의는 온기와 같아서 왁스 같은 인간 본성을 부드럽게 만드는 것이다.

— 쇼펜하우어

22
조강지처는
내칠 수 없다

이야기 3-22-81

 후일 진나라 문공이 되는 중이가 오랜 망명생활을 끝내고 귀국하는 길에 황하에 이르렀다. 중이는 뒤따르는 무리들에게 지금까지 썼던 대나무 그릇과 바닥에 깔았던 거적들을 모두 버리고 손발에 굳은살이 박이고 얼굴이 검은 자들은 모두 대열의 후미에서 따르라 명령하였다. 그 말을 들은 구범이 밤중에 큰 소리로 울어 중이가 물었다.
 "내가 망명길에 오른 지 20년 만에 이제 고국에 돌아가게 되었는데 그대가 기뻐하기는커녕 큰 소리로 우니 혹시 나의 귀국을 원치 않는 것이 아닌가?"
 구범이 대답했다.

"20년 망명생활을 하는 동안 대나무 그릇으로 밥을 먹었으며 거적을 덮고 잠을 잤는데 이제 군주께서 그것들을 버리라고 하십니다. 수족에 굳은살이 박이고 얼굴이 검은 자들은 그동안 군주와 함께 고생하고 공을 세운 자들인데 뒤에 서라 하십니다. 저도 뒤에서 따랐지만 슬픈 마음을 이기지 못하여 울고 말았습니다."

그리고 두 번 절하고서 그곳을 떠나려 하였다. 중이가 그를 막고서 말했다.

"속담에 '사당을 지을 때는 일 옷으로 갈아입고 제사를 지낼 때는 의관을 차려입는다'고 하였다. 지금 고생하여 나라를 얻었는데 떠나겠다고 하는 것은 함께 사당을 짓고서 제사를 지내지 않겠다는 것과 무엇이 다른가?"

말이 끝나자마자 그는 바로 수레를 끄는 말 중에 왼쪽 말을 희생 삼아 황하에서 맹서하였다.

— 《한비자》〈제32편 외저설 좌상〉

생각하기

인격의 가치는 지위의 그것보다 더 높게 평가되어야 한다. 그러나 둘을 별개로 여기며 인격보다 지위에 눈을 돌리는 사람들이 많다. 포용하는 인격은 더 많은 것을 받아들이며 그럴수록 그의 지위는 높아진다. 고대 로마의 초대 황제 아우구스투스는 황제의 지위보다 자신의 인간 됨이 훌륭한 것을 영예로 여겼다고 한다. 인격은 부와 명예가 아니라 좋은 인간성에서 나오는 것이라고 여겼기 때문이다. 이야기에 등장하는 진문공은 궁중에서 쫓겨나 20년 가까운 세월 동안 떠돌이 생활을 했지만 훌륭한 인격으로 나라를 되찾고 제환공에 이어 두 번째 춘추오패春秋五覇로 군림할 수 있었다. (이 책 제3부 14항 '진문공의 풍찬노숙' 참조.)

'개구리 올챙이 적 생각 못 한다'는 속담이 말하듯 누구나 과거의 은혜에 어느 정도 기억 상실증을 갖는 것은 사실인 것 같다. 그러나 오늘을 있게 해준 은혜를 저버리지 않는 것은 인격이 가져야 할 최소의 조건이다. 더구나 달면 삼키고 쓰면 뱉는 오늘의 인정세태人情世態는 결초보은結草報恩을 더욱 빛나게 만든다. 빛나는 오늘이 조금이라도 누군가의 희생과 배려에 힘입은 것이면 그들을 찾는 것을 주저하지 말자. 사소한 은혜라도 잊지 않고 갚는 것은 당신의 품격과 명성을 높이는 길이다.

일반지은一飯之恩: 밥 한 그릇의 은혜

회음후 한신은 젊을 때 집안이 가난하여 남에게 빌붙어 살았기 때문에 사람들은 그를 가까이하지 않았다. 어느 날 성 아래에서 주린

배를 움켜쥐고 낚시를 하고 있는데 빨래를 하던 어느 아낙이 그에게 밥을 주었다. 수십 일을 그렇게 얻어먹던 한신이 그녀에게 말했다.

"내가 반드시 그대의 은혜를 크게 갚을 것이오."

이에 아낙이 성을 내며 말했다.

"대장부가 스스로 살아가지 못해 내가 손자 같은 젊은이를 불쌍히 여겨 밥을 준 것이니 어찌 보답을 바라리오!"

회음 땅의 백정 중 한신을 멸시하는 자가 있었다. 그는 사람들 앞에서 한신에게 망신을 주기 위해 말했다.

"네 놈이 진짜 겁쟁이가 아니라면 나를 찌르고, 그렇지 않으면 내 사타구니 밑으로 기어나가라."

한신은 한참 그를 바라보다가 이윽고 몸을 구부려 그의 가랑이 밑으로 기어나갔다. 시장 사람들 모두가 한신을 겁쟁이라고 비웃고 놀렸다. - 중략 -

한신은 초나라 왕이 되어 하비에 도착하자 제일 먼저 예전에 밥을 먹여준 빨래터 아낙을 찾아 천금을 하사했다. 또한 자기를 가랑이 밑으로 기어나가라고 한 백정을 불러 중위로 삼았다. 그리고 여러 장수들에게 말했다. "이 자는 힘이 장사다. 그러나 나를 욕보일 때 내가 어찌 그를 죽일 수 없었겠는가? 죽인다 한들 내 이름만 더럽힐 것 같아 참고 오늘의 일을 이룬 것이다."

- 《사기》〈회음후 열전〉

23
둔한 말이
더 좋은 이유

이야기 3-23-82

백락은 미워하는 사람에게는 천리마를 감별하는 방법을 가르치고, 아끼는 사람에게는 노둔한 말을 감별하는 것을 가르쳤다. 천리마는 어쩌다 한번 나타나기 때문에 벌이가 시원치 않지만 둔마는 날마다 사고팔기 때문에 벌이가 좋기 때문이었다. 이것은 주서에 '하찮은 말(言)이 높게 쓰인다'는 것과 같으나 미혹케 하는 말이다.

― 《한비자》〈제23편 설림 하〉

생각하기

평범보다 비범을 좇는 것은 우리들 대부분이 평범하기 때문이다. 그저 그런 일상 속에서 어쩌다 마주치는 비범은 우리 눈을 번쩍 뜨게 만든다. 그러나 비범이 항상 평범을 앞서는 것은 아니다. 어쩌면 시기와 질투에 갇혀 오히려 평범에 미치지 못하는 비범도 많다. 비범함이 높을수록 그 위엄을 조금 낮추어야 하는 이유이다. 때로 비범한 고립보다 평범한 소통이 나을 수 있다. 그러므로 혼자 너무 진지한 척도, 고상한 척도 하지 말라. 그렇지 않으면 항상 점잔만 빼는 외톨이라는 핀잔을 면키 어려울 것이다.

총명하기도 어렵고 어리숙하기도 어렵다
聰明難 糊塗難

총명하면서 어리숙하기는 더욱 어렵다
由聰明而轉入糊塗 更難

일단 집착을 내려놓고 한 걸음 뒤로 물러서
放一着 退一步

아래 자리에 서면 마음이 편안하다
當下心安

그것이 나중에 복이 되어 돌아올 것 아닌가
安非圖後來福報也

- 정섭, 1693-1765

아무리 평범을 가장하는 비범이라도 그 품위까지 잃어서는 안 된다. 품위가 빠진 비범은 아무래도 볼품이 없어 보인다. 더구나 언젠가 그것을 단번에 알아보는 심미안을 만날 날을 생각해 보라. 그때를 위하여 품위는 버리지 않고 저장해야 한다. 비범을 평범으로 가장한 고사로서 한나라 고조 때 재상을 지낸 소하蕭何와 그의 후임자 조참趙參의 일화는 지금도 새겨들을 만하다.

소규조수蕭規趙隨: 소하가 정하고 조참이 따르다

한나라 재상 소하蕭何가 죽으면서 자신의 후임으로 추천한 인물은 그와 사이가 별로 좋지 않았던 조참趙參이었다. 조참은 재상이 되었지만 모든 일을 소하가 만든 규정에 따라 할 뿐 어떤 것도 새로 고치지 않았다. 그리고 밤낮으로 술만 마셨다. 혹시 누군가 찾아와 그의 그런 행동을 말하려 하면 조참은 곧 술을 권하고, 다시 말하려 하면 또 술을 권하여 끝내 말을 못 하도록 하였다. 조참의 행동을 괴이하게 여긴 혜제는 그를 불러 직접 그 연유를 물었다.

"그대는 어찌하여 정사는 돌보지 않고 오직 술만 마시려 하는가?"

조참이 오히려 황제에게 물었다.

"폐하가 보실 때 폐하와 고제 중 어느 분이 성덕과 무위가 더 뛰어나다고 보십니까?"

"짐이 어찌 감히 선제先帝를 넘볼 수 있겠는가?"

"폐하께서 보실 때 소하 재상과 저 중 누가 더 능력이 있다고 보십니까?"

"그대가 소하를 못 따를 것 같군."

"지당하십니다. 고제와 소하 재상이 천하를 평정하였고 법령도 이미 밝게 하셨습니다. 폐하께서는 그저 팔짱을 끼고 계시고 저희들은 옛 법도만 잘 따르면 잃을 것 또한 많지 않을 것입니다."

잠시 생각한 황제는 말했다.

"옳은 말이다! 그대의 뜻을 알았다."

조참이 죽은 후 백성들은 이런 노래를 불렀다.

"소하가 만든 법, 일자一字처럼 곧았네.

조참이 대를 이어 지키며 잃지 않았네.

두 사람이 맑고 정결하여 온 백성이 편안하였네."

- 《사기》〈조상국 세가〉

24
늙은 말의
지혜를 빌리다

이야기 3-24-83

관중과 습붕[40]이 환공을 따라 고죽국을 정벌하러 갔다. 봄에 떠났다가 겨울에 돌아오는데 길을 잃게 되었다. 관중이 말했다.

"이런 때는 늙은 말의 지혜가 쓸 만합니다."

그가 말고삐를 풀어 놓고 말의 뒤를 따르니 길을 다시 찾을 수 있었다. 또 산중을 행군하다 물이 떨어진 때가 있었다. 습붕이 말했다.

---

40 습붕隰朋 : 고대 중국 제나라의 명신. 관중, 포숙과 더불어 제환공을 보필하였으며 내치를 담당하였다. 관중이 죽으면서 습붕을 재상으로 추천하였으나 곧 죽었고, 수조가 그 뒤를 이었으나 환공을 배신하였다. (이 책 〈이야기 3-25-84〉 참조.)

"개미는 겨울에는 산의 남쪽에 살다가 여름에는 산의 북쪽으로 옮겨 삽니다. 개미집은 한 자 정도 깊이인데 개미집을 따라 한 길쯤 파면 물이 있을 것입니다."

땅을 파자 그의 말 대로 물이 나왔다. 관중의 현명함과 습붕의 지혜로도 할 수 없는 일이 생기면 그들은 한갓 늙은 말과 개미를 스승으로 삼는 것을 마다하지 않았다. 자신의 우둔함을 모른 채 성인의 지혜를 본받을 줄 모르니 어찌 잘못이 아닌가?

- 《한비자》〈제22편 설림 상〉

생각하기

지혜는 배움만으로 되지 않는다는 점에서 지식과 구별된다. 지식은 많아도 지혜가 없는가 하면 적은 지식에 비해 지혜가 많은 사람도 있다. 그러므로 누구라도 다른 사람의 스승이 될 수 있고 자기보다 못한 사람에도 배울 바는 있는 것이다.

세 사람이 길을 걷다 보면
三人行
반드시 나의 스승이 있을 것이니
必有我師
그중 좋은 것은 본받아 따르고
擇其善者而從之
나쁜 것은 스스로 고쳐야 한다
其不善者而改之

- 《논어》〈술이편〉

《논어》에 '불치하문'不恥下問이란 말이 있다. '몸을 낮추어 묻기를 부끄러워하지 않는다'는 뜻이다. 대체로 '하문下問'을 '아랫사람에게 묻다'로 해석하지만 '下'를 '낮추다'로 보아 '몸을 낮추어 묻다'로 해석하는 것이 공자의 언행에 충실한 해석이라 생각된다. '아랫사람'은 이미 '윗사람'을 내포한 말이므로 겸손을 강조하는 《논어》의 참뜻에 맞지 않기 때문이다. 누구도 모든 지혜를 머리에 담을 수 없으며 모든 앎을 자기 것으로 할 수 없다. 그러므로 지혜는 나누고 모르는 것은 물어야 한다. 묻는 대상이 비록 나이가 어리거나, 지위가 낮거나, 불쌍한 걸인일지라도 당신이 알지 못하는 것을 알 수 있다. 묻는 것이 결코 수치가 될 수 없음이다. 진짜 부끄러운 것은 모르는 것을 아는 척하는 것이다. 묻기를 부끄러워하는 당신에게 공자는 일갈一喝한다.

앎에 대해 너에게 가르쳐 주노니
誨女知之乎
아는 것을 안다고 하고
知之爲知之,
알지 못하는 것을 알지 못한다고 하는 것이
不知爲不知,
참으로 아는 것이다
是知也.

- 《논어》〈위정편〉

공자천주孔子穿珠: 공자가 구슬 구멍을 뚫다

공자가 진陳나라를 지날 때 일이다. 당시 공자는 주유천하 기간 중 가장 힘들었던 시기로 일주일을 먹지 못하여 제자 자로子路로부터

'군자도 곤경에 빠질 때가 있습니까?'라고 노골적으로 핀잔을 받기도 하였다. 그런데 공자는 엉뚱하게도 아홉 구비로 굽은 구슬에 실을 꿰지 못하여 고심하고 있었다. 실제로 공자는 실을 세워 요리조리 돌려서 구불구불한 구멍 속으로 밀어 넣으려 했지만 도저히 실을 꿸 수 없었다. 어느 날 공자는 근처에서 누에를 먹일 뽕을 따고 있는 아낙에게 혹시 그 방법을 아는지 물었다. 아낙은 대답했다.

"조용히 생각하십시오.

密爾思之

생각을 조용히 하십시오

思之密爾."

아낙의 말을 들은 공자는 개미를 잡아서 그 허리에 실을 묶고 구슬의 구멍 한쪽으로 밀어 넣고 다른 한쪽 구멍에 꿀을 발라 놓았다. 개미는 꿀 냄새를 맡고 굽이굽이 구멍을 돌아 마지막 구멍까지 실을 운반하였다. 마침내 그 어려운 작업을 성공적으로 해낸 것이다. 공자는 아낙이 했던 말 중에 '조용히 밀密'에서 '꿀 밀蜜'을 연상하였으며 다시 꿀에서 개미를 연상하여 비결을 생각해낸 것이다.

25
본성은
숨길 수 없다

이야기 3-25-84

관중이 늙어 정사를 볼 수 없게 되어 집에서 쉬고 있었다. 환공이 찾아가 물었다.

"중보환공이 관중을 지칭하는 명칭가 일어나지 못하면 누구에게 정사를 맡기면 좋겠소?"

관중이 대답했다.

"신하를 아는 것은 군주만 한 사람이 없고 자식을 아는 것은 아비만 한 사람이 없다고 합니다. 군주께서 마음에 결심한 바를 말씀해 주십시오."

환공이 말했다.

"포숙아는 어떻소?"

"포숙아의 사람됨은 너무 굳세고 괴팍하며 사납습니다. 그런 마음은 두려움이 없으니 패왕을 보좌할 인물이 못 됩니다."

"그렇다면 수조는 어떻소?"

"수조는 군주께서 여색을 좋아하는 것을 알고서 스스로 거세하여 후궁을 관리하는 일을 맡았습니다. 자기를 아끼지 않은 사람이 어떻게 군주를 아낄 수 있겠습니까?"

"역아는 어떻소?"

"역아는 군주께서 오직 인육만 먹어보지 않았다고 하자 자기 아들의 머리를 삶아서 바친 것을 군주께서도 아실 것입니다. 자식을 아낄 줄 모르는 사람이 어떻게 임금을 아낄 수 있겠습니까?"

"그렇다면 누가 좋겠소?"

관중이 대답하였다.

"습붕이 좋습니다. 습붕은 그 사람됨이 마음속은 단단하면서 밖으로는 검소하여 욕심이 적고 믿음이 두텁습니다."

"그렇게 하겠소."

한 해가 지나자 관중이 죽었다. 그러나 환공은 습붕을 쓰지 않고 수조에게 그 자리를 주었다. 수조가 정사를 맡은 지 삼 년쯤 되자 그는 역아와 대신들을 이끌고 반란을 일으켰다. 환공은 목이 마르고 굶주린 상태로 남문의 침궁에 갇혀 죽었다. 환공이 죽은 지 석 달이 지나도록 그 주검을 거두지 않자 구더기가 문밖으로 기어 나왔다.

― 《한비자》〈제10편 십과〉

생각하기

　세상이 아무리 변해도 사람은 결코 변하지 않는 것이 있다. 우리는 그것을 본성이라고 한다. 사람의 본성이 처음부터 착하다는 주장(성선설)과 그렇지 않다는 주장(성악설)은 아직도 승패를 가리지 못하고 있지만 그것을 바꾸는 것이 쉽지 않다는 점은 모두 동의할 것이다. 어디서 누구를 만나든 상대의 품성을 잘 살펴서 걸맞게 대응하는 것은 인생살이의 지혜이다. 이야기에 나오는 제환공은 춘추시대 패자로서 천하를 호령하는 권력을 누렸지만 충신들의 품성을 제대로 파악하지 못하여 장례마저 제때 치르지 못한 비참한 최후를 맞아야 했다.

　어느 잘생긴 청년에게 사랑을 느낀 족제비가 아프로디테에게 자신을 아름다운 여자로 만들어 달라고 빌었다. 아프로디테는 족제비의 간청을 받아들여 아름다운 여자로 변신시켰다. 청년과 변신한 족제비는 금방 사랑에 빠졌고 어느 날 둘은 침대에서 쉬고 있었다. 짓궂은 아프로디테는 족제비가 몸뿐만 아니라 성격도 바뀌었나 시험해 보고 싶어서 쥐 한 마리를 침실에 풀어 놓았다. 쥐를 본 족제비는 자신이 아름다운 여자로 변신한 것을 잊고서 침대에서 뛰어내려 쥐를 잡으려 쫓아다녔다. 이를 본 아프로디테는 족제비를 다시 원래 모습으로 되돌려 놓고 말았다.

- 《이솝우화》〈족제비와 청년〉

어떤 품성이라도 환경의 영향을 피할 수 없다. 환경은 인간의 기상氣像을 변화시키며 성격이나 품성에 영향을 준다. 따라서 어떤 환경에서 어떻게 살아왔는가를 보면 어떤 인격인지 대략 알 수 있다. 사람을 채용할 때 심층면접을 실시하고 이력을 상세하게 따지는 것은 모두 그런 이유이다. 이때 회사는 보다 매력적인 이력과 고상한 품성을 찾는다. 선택받길 원하는 당신 역시 가진 매력을 그럴싸하게 포장한다. 그러나 아무리 포장이 근사하여도 내용물이 후지다면 값비싼 포장지는 그냥 휴지로 버려질 것이다.

사람이 풍기는 매력은 품성을 닦고 직업적 완성도를 높이려는 꾸준한 노력의 결과물이다. 가진 매력을 빛나게 하고 더 멀리 발산시키기 위해 갖은 노력을 하지만 언제나 부족함은 떨치기 어렵다. 그렇다고 안절부절 조바심까지 가질 필요는 없어 보인다. 다행히 누구도 처음부터 완벽한 사람은 없으며 그저 날마다 조금씩 완성되어 갈 뿐이다. 그럼 완성의 날은 언제일까? 어쩌면 그것은 영원히 오지 않을 수 있다. 그럭저럭 살아가던 어느 날 취미가 고상해지고 생각이 맑아지며 판단이 성숙해졌다고 느끼는 순간이 올 것이다. 그때가 바로 그날이라고 여겨도 무방할 것 같다.

26
진심은 원수도 감동시킨다

이야기 3-26-85

공자가 위나라에 있을 때 제자 자고가 형벌을 담당하는 관리가 되었다. 자고는 어떤 죄인을 월형에 처하고 발꿈치를 잘린 그를 성문의 문지기로 삼았다. 어느 날 위나라 왕에게 공자를 헐뜯는 상소가 올라와 왕이 공자를 체포하려 하자 공자와 제자들은 모두 몸을 피하였다. 모두 피신하고 마지막으로 자고가 늦게 성문을 나서려 할 때였다. 자고에게 발꿈치를 잘린 성문지기가 그를 끌어 자기 집으로 피신시켜 자고는 무사히 체포를 면할 수 있었다. 자고가 문지기에게 물었다.

"나는 나라의 법령을 어길 수 없어 그대의 발꿈치를 자르고 말았지만 그대는 무엇 때문에 나를 도와주는가? 내가 어찌 그대의 은덕을 입는 것인가?"

문지기가 대답했다.

"제가 발을 잘린 것은 마땅히 죄를 지었기 때문이니 선생도 어찌할 수 없었던 일입니다. 그러나 선생이 저를 처리할 때 법령을 자세히 살피고 앞뒤로 저에 말을 들어주고 죄를 감면하려 애썼다는 것을 잘 압니다. 그것은 사사로움 때문이 아니고 선생의 타고난 성품과 마음이 원래 그렇기 때문이라 생각합니다. 그것이 제가 기꺼이 선생에게 은덕을 갚으려는 이유입니다."

— 《한비자》〈제33편 외저설 좌하〉

생각하기

베풀 수 있는 위치에 있을 때 아낌없이 베풀라. 베풂은 거저 주고 마는 것이 아니고 은혜를 저축해 두는 것과 같다. 잊으면 안 되는 것은 베풂은 은혜를 아는 인격을 만나야 비로소 감사와 존중을 받을 수 있다는 것이다. 자격 없는 인격에 베푸는 은혜는 낭비이며 배은망덕은 언제든지 눈앞에 나타날 수 있다.

절영지회絶纓之會

초나라 장왕이 주연을 베풀고 신하들을 초청하였다. 주연의 흥을

돋우기 위해 왕은 자기의 애첩 허희許姬로 하여금 신하들의 술잔에 술을 따르도록 하였다. 술이 거나하게 취할 무렵 마침 바람이 불어 촛불이 모두 꺼지고 말았다. 이때 한 신하가 허희의 옷자락을 잡아당겼다. 당황한 허희는 잽싸게 그 신하의 갓끈을 낚아채고서 어서 불을 켜라고 왕을 재촉하였다. 이 말을 들은 왕은 곧 신하들에게 모두 갓끈을 떼라고 명령하였다. 이윽고 불을 켰으나 허희에게 갓끈을 떼인 신하는 찾을 수 없었다. 얼마 후 정나라와 전투가 있었다. 그런데 유독 앞에 나가 용감히 싸우는 장수 하나가 있었는데 위급한 상황마다 커다란 전과를 올렸다. 왕이 그를 불러 치하하면서 그 연고를 물으니 '제가 바로 얼마 전 주연에서 갓끈을 떼인 바로 그 신하입니다'라고 대답하였다.

- 《설원》〈복은편〉

베풂의 타이밍 역시 중요하다. 곤궁한 때면 같은 은혜도 더 커 보이지만 풍족하면 하찮은 선심이 될 수 있다. 배고플 때 한 그릇 밥과 목마를 때 한 잔의 물이 평상시와 다른 것은 그런 이유이다. 어차피 베풀 것이면 빨리 베푸는 것이 낫다. '빨리 베푸는 것은 두 번 베푸는 것과 같다'는 말이 그것이다. 뒷북은 아무리 요란스러워도 듣는 이가 없을 터이니 이왕이면 먼저 북을 쳐야 한다. 베풂에 진심이 있어야 함은 당연하다. 진솔함이 빠진 베풂은 과시가 되기 쉽고 베풀지 않음만 못할 수 있다. 그런 베풂에 대한 맹자의 비유가 자못 흥미롭다.

어떤 사람이 극도로 굶주려서 한 그릇 밥과 한 그릇 국을 얻어먹으면 살고 못 먹으면 죽게 되는 절박한 지경에 놓여 있을 경우라도 만약 그것을 '옛다!' 하고 경멸하는 태도로 던져주면 누구도 죽으면 죽었지 그것을 받아먹지 않을 것이다. 한층 더 천시하는 태도로 던지듯 주게 되면 아무리 비천한 거지라도 죽을지언정 그것을 받아먹지 않을 것이다.

― 《맹자》〈고자상구 상〉

27
확신이 없으면 멈추라

이야기 3-27-86

혜자가 말했다.

"명궁인 예羿[41]가 오른손에 골무를 끼고 왼팔에 헝겊 팔토시를 감은 뒤에 활을 당기면 저 멀리 사는 월나라[42] 사람들조차 서로 다투

---

41 예羿: 중국 전설 속의 명궁 이름. 요임금이 그로 하여금 활로 아홉 개의 해를 떨어뜨리고 맹수와 뱀을 모두 죽이게 하자 풍년이 들어 백성들이 모두 기뻐하였다는 전설이 있다.

42 월나라 : 중국 춘추전국시대 양쯔강 이남에 자리한 제후국으로 처음 중원의 제후국들에게 오랑캐로 취급받았으나 오나라를 멸망시키면서 일약 춘추오패의 하나로 부상한 나라이다. 오나라와 투쟁하면서 오월동주吳越同舟 와신상담臥薪嘗膽 등 유명한 고사를 남겼다.

어 과녁을 들어 올리려 합니다. 그러나 철없는 어린아이가 활을 잡으면 자애로운 어미마저도 방에 들어가 문을 닫아 버릴 것입니다. 그러므로 '그렇게 될 것이다'라고 믿으면 멀리 사는 월나라 사람도 명궁 예를 의심하지 않지만, 그것을 믿지 못하면 자애로운 어미마저도 제 자식으로부터 달아나는 것입니다."

- 《한비자》〈제23편 설림 하〉

생각하기

요행을 바라지 말라. 확신이 서지 않으면 행동을 멈추고 더 준비하라. 악운은 주인이 따로 없다. 계획단계부터 이미 우려가 있다면 결과는 보나 마나 뻔하다. 심사숙고하여 내린 결정도 때로 예기치 못한 사태로 좌초하는 것이 다반사인데 하물며 믿음도 자신도 없는 성공이 가능할까? 무리하게 밀고 나아가다 행여 위험에 빠지기라도 하면 다시 기회를 잡기는 생각만큼 쉽지 않다.

> 행함에 의심이 있으면 명성을 얻기 어렵고
> 疑行無名
> 일에 의심이 있으면 공을 세우기 어렵다.
> 疑事無功
>
> - 《사기》

우연한 행운을 노력의 대가로 착각하는 사람들이 있다. 그것에 도취해 잠깐이라도 자기를 잊는 것은 더 큰 문제이다. 우연은 그저 우연일 뿐 '우연한 행운' 같은 것은 없다고 여기라. 성공은 철저히 준비하여 쟁취하는 것이다. 준비의 첫 단계는 지금 서 있는 위치를 냉정히 평가하는 데서 출발한다. 지금 내가 서 있는 곳은 어디쯤인가? 예상하는 일의 방향은 어디인가? 등을 따진다. 만약 위기라고 판단되면 위기 돌파에 쓰일 가용한 자원을 파악하는 것은 다음이다. 강점과 약점을 포함하여 주변의 지지와 반대, 그리고 법적, 제도적, 기술적 환경을 주의 깊게 살핀다. 종합하여 성공을 위한 기회 요인과 위협요소는 무엇인지 냉정히 또 철저히 따져본다.

마지막으로 그렇게 분석 검토한 것을 토대로 일의 실행계획을 수립한다. 만약의 사태에 대비하여 컨틴전시 플랜contingency plan까지 마련하면 준비는 거의 마무리 단계이다. 완벽한 준비가 모든 계획의 성공을 보장하는 것은 아니다. 그럼에도 불구하고 철저한 준비를 강조하는 것은 성공하면 준비를 잘한 탓이므로 자만하지 않으며, 실패하더라도 최선을 다했으니 낙담하지 않을 것이기 때문이다.

한신을 사로잡은 진평의 계책

한 고조 6년, 어떤 이가 한신의 모반을 고발하는 상소를 올렸다. 고조 유방이 진평에게 물었다.

"어찌하면 좋겠는가?"

진평이 말했다.

"우리 군사가 한신의 군대만 못하고 장수들도 그를 따라잡지 못하면서 그를 직접 공격하는 것은 폐하께 결코 이로운 것이 못됩니다. 다른 계책을 세워야 합니다."

마침내 진평은 고조로 하여금 운몽으로 순수巡狩를 나간다고 하면서 제후들을 진陳 지역으로 불러 모으도록 하였다. 한신을 안심시키려는 일종의 속임수를 쓴 것이다. 소식을 들은 한신은 순수를 나간 유방이 별다른 무장을 하지 않을 것이라고 여겨서 그 역시 별다른 무장 없이 유방을 알현하러 교외로 나왔다. 유방은 미리 무사들을 매복시켰다가 한신이 들어 오는 것을 보고 즉시 포박하여 그를 수레 뒤에 실었다. 한신은 소리 지르며 말했다.

"천하가 평정되니 이제 내가 팽당하는구나!"

유방이 뒤돌아보며 말했다.

"그대는 입을 다물라. 돌아가면 모든 것이 밝혀질 것이다."

낙양으로 돌아온 유방은 한신을 강등하여 회음 지역의 후로 봉하였다.

- 《사기》〈진승상 세가〉

Abstract

Abstract

"The Eight-four(84) kinds of Recipes; How to grill the Power"

Written by   Jaetoh Yi

Hongeui Yi

In bureaucratically-structured modern organizations those with greater power are more likely to savor the rewards of success, while those without it inevitably confront the bitter reality of failure. Failure, in many ways, represents the world's harsh truth. This book examines and more thoroughly contemplates the dynamics of power within organizations and offers insights on how to think and act in order to acquire it. In other words, authors seek to answer a fundamental question: What is power, and how should one approach it to achieve success?

In exploring a clear and compelling way to communicate the book's purpose, authors found valuable guidance in the ancient Eastern classic: *Han Feizi*韓非子. Han Feizi provided strategic counsel to the rulers of his time on how to survive the relentless struggle for power. Drawing on his wisdom, authors have curated over 80 historical facts and anecdotes that align with the book's objectives, and are interpreted in an accessible, easy-to-understand manner.

Han Feizi lived during one of the most fiercely competitive periods in Chinese history, the Warring States era - a time marked by intense rivalry, much like today's globally competitive environment. He, too, faced an era of uncertainty, where the survival of his nation and himself was constantly at stake, which is why his teachings still resonate in modern times. Personally having navigated the challenges of the workplace, authors, by the book, hope to inspire younger professionals to face today's difficulties with courage and capability, rather than shying away from them.

권력을 요리하는 레시피 84

초판 1쇄 인쇄 2024년 09월 25일
초판 1쇄 발행 2024년 10월 05일

지은이 이재토, 이홍의
펴낸곳 굿모닝미디어
펴낸이 이병훈

출판등록 1999년 9월 1일 등록번호 제10-1819호
주소 서울시 마포구 동교로50길 8, 201호
전화 02) 3141-8609
팩스 02) 6442-6185
전자우편 goodmanpb@naver.com

ISBN 978-89-89874-51-5 03190

- 책값은 뒤표지에 있습니다.
- 잘못된 책은 구입하신 서점에서 바꾸어 드립니다.